# GUIDE
# D'UTILISATION
## DES
# MÉDIAS

BIBLIOTHÈQUE ADMINISTRATIVE
Ministère des Communications
Éléments de catalogage avant publication


Guide d'utilisation des médias / [Ministère des communications].
   – Ed. rev. et aug. – [Québec]: Publications du Québec, 1991

      ISBN 2-551-14338-1

1. Mass Média- Guides, manuels, etc. I. Québec (Province).
Ministère des communications.


C6 A1 G83 / 1991

Les
**PUBLICATIONS
DU QUÉBEC**

# GUIDE D'UTILISATION DES MÉDIAS

JOCELYNE SAUCIER

1991 Édition revue et augmentée

Cet ouvrage a été préparé par
le ministère des Communications.

Il constitue une réédition, considérablement
augmentée d'une première édition produite
par le Bureau régional de Communications-Québec
de l'Abitibi-Témiscamingue et parue en 1980
ainsi qu'une seconde publiée en 1983
par l'Éditeur officiel du Québec.

Cette édition a été produite par
Les Publications du Québec
1279, boulevard Charest Ouest
Québec (Québec)   G1N 4K7

Recherche et rédaction
**Jocelyne Saucier**

Graphisme
Couverture: **Couture Tremblay**
Grille typographique: d'après un design de Couture Tremblay

Dépôt légal–4ᵉ trimestre 1991
Bibliothèque nationale du Québec
Bibliothèque nationale du Canada
ISBN: 2–551–14338–1

# TABLE DES MATIÈRES

# *REMERCIEMENTS*

P lusieurs personnes ont collaboré, gracieusement et à divers titres, à la nouvelle édition du *Guide d'utilisation des médias*. Je m'en voudrais de laisser sous silence la contribution de ceux et celles qui ont nourri cet ouvrage de leurs réflexions et commentaires.

Je tiens d'abord à souligner la précieuse collaboration des agents d'information du réseau Communication-Québec, notamment de **Louise DESMARAIS** (Montréal), **Pierre COUSINEAU** (Hull), **Michèle GAGNON** (Québec) et tout particulièrement de **Louis DALLAIRE**, du bureau régional de Communication-Québec en Abitibi - Témiscamingue, qui a suivi et guidé le travail de recherche et de rédaction.

D'autres communicateurs y ont également collaboré en acceptant de partager leur expérience des médias:

**André MESSIER**, directeur du service de l'information de la FTQ;

**Claude CHAMPAGNE** et **Suzanne LEROUX** du Centre Saint-Pierre;

**Pierre GINCE**, conseiller en communication chez Bazin, Dumas, Dupré et Sormany;

**Serge COSSETTE**, directeur de l'information du réseau NTR (PC);

**Roger RHÉAUME**, de l'Association des radios communautaires du Québec;

**Michel CADORETTE**, du Conseil central de la CSN (Montréal);

**Christine DANIEL**, du Centre de formation populaire;

**Michèle SÉGUIN**, de l'Institut canadien d'éducation des adultes.

Je voudrais remercier également le personnel du bureau régional de Communication-Québec en Abitibi – Témiscamingue dont le soutien technique m'a été très utile.

À toutes ces personnes, je veux exprimer ma profonde gratitude.

**Jocelyne Saucier**

# *PRÉSENTATION*

L e *Guide d'utilisation des médias* est un manuel pratique destiné aux groupes qui ont peu ou pas utilisé les médias. Que vous représentiez une association, une institution ou un organisme, que vous oeuvriez sur la scène nationale, régionale ou locale, vous trouverez dans ce guide tout ce qu'il vous faut savoir pour communiquer à l'aide des médias.

C'est un manuel d'initiation à la pratique des médias. Il explique les règles du jeu médiatique, celles qui régissent le fonctionnement des médias et celles qui assurent un succès minimal à vos interventions.

Il ne s'agit pas d'un livre de recettes qu'il faut appliquer à la lettre. Votre principal outil pour intervenir dans les médias demeure votre jugement. S'il vous fallait ne lire qu'un chapitre du manuel, ce devrait être celui sur le plan d'intervention qui vous éclairera sur les principales décisions à prendre pour établir votre stratégie de communication. Les autres chapitres viennent ensuite expliciter certains aspects plus techniques de votre stratégie: les principales caractéristiques et l'utilité particulière de chaque type de média, le mode d'emploi des différentes techniques d'intervention (communiqué, conférence de presse, entrevue, etc) et la création de vos propres moyens de communication (affiche, dépliant, bulletin d'association, etc).

N'hésitez pas à utiliser les médias. Ils peuvent vous être d'un grand secours pour faire connaître vos activités et services, pour sensibiliser la population à un problème et même pour influencer l'opinion publique et exercer une pression sur les autorités.

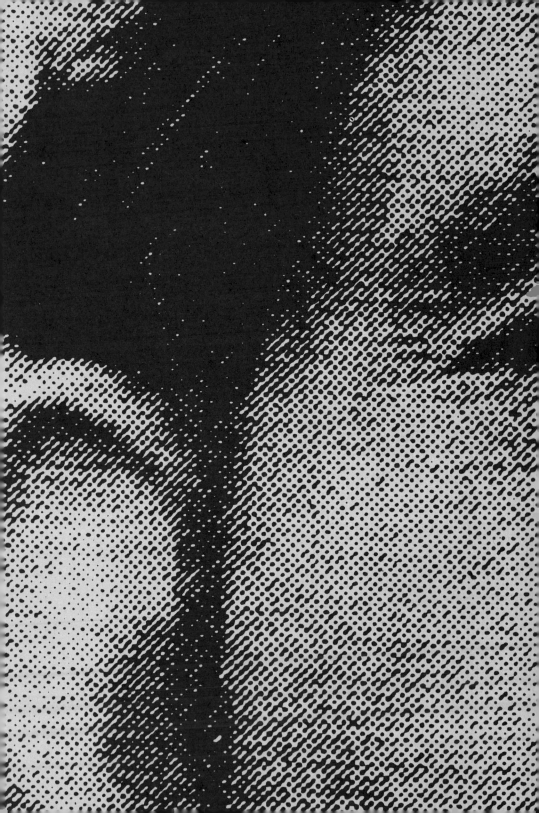

# CHAPITRE 1

# LES OUTILS DE BASE

L es outils de base, ce sont les ressources humaines et techniques indispensables pour planifier et faire des interventions dans les médias.

## L'AGENT DE PRESSE

Il est très important de confier la responsabilité des relations de presse de votre groupe à une seule personne. Les médias auront ainsi un interlocuteur unique qu'ils viendront à connaître avec le temps et avec qui ils développeront des relations de confiance. Votre groupe aura un meilleur contrôle des informations qui sortiront sur la place publique, car elles seront canalisées par une seule personne.

Le rôle de l'agent de presse est de développer et d'entretenir des contacts avec les médias et de créer ainsi la crédibilité d'un groupe. Il planifie vos interventions dans les médias, organise vos conférences de presse, rédige et signe vos communiqués de presse, répond aux demandes d'informations des journalistes, etc.

Il n'est pas nécessairement le porte-parole officiel de votre groupe. Les déclarations à la presse, les entrevues et autres interventions publiques peuvent être faites par un membre de votre conseil d'administration mais c'est votre agent de presse qui prépare ces interventions et conseille les personnes qui les font.

À qui confier cette responsabilité? Choisissez un de vos membres qui a une certaine facilité de communication, une bonne maîtrise du français écrit et surtout, une connaissance approfondie de tous vos dossiers.

## LA LISTE DES MÉDIAS

C'est un outil de référence qui met à votre disposition tous les renseignements nécessaires lorsque vient le temps de dresser votre liste d'invitations à votre conférence de presse, d'établir votre liste d'envois de votre communiqué de presse, de communiquer avec un journaliste, etc.

Cette liste comprend tous les médias qui peuvent vous être utiles à différentes occasions.

*Exemple:*

La liste des médias du Regroupement des clubs de l'Âge d'or de la Côte-Nord comprendra:

1) tous les médias locaux, régionaux et communautaires de cette région;

2) certains médias spécialisés, comme le journal de la Fédération de l'Âge d'or;

3) les médias nationaux qui ont des chroniques ou des émissions s'adressant aux personnes âgées;

4) les médias autonomes des groupes et organismes de la Côte-Nord intéressés aux activités du Regroupement comme les bulletins d'information des CLSC, des centres d'accueil, des centres de jour pour personnes âgées, etc.

Votre liste doit être continuellement mise à jour et contenir les renseignements suivants:

• Nom, adresse postale, numéro de téléphone et de télécopieur de chaque média;

• Indication si le média est abonné à la Presse canadienne ou à l'agence Telbec et, dans le cas d'un média électronique, s'il est affilié à un réseau radio-télé;

• Nom du personnel de direction de chaque média (directeur de l'information, rédacteur en chef, chef de pupitre, etc.) et de certaines personnes que vous désirez contacter (réalisateur ou recherchiste d'une émission particulière, chroniqueur spécialisé dans votre domaine d'activités, etc.);

• Heure et jour de tombée de chaque média pour les communiqués de presse, les communiqués d'intérêt communautaire et les messages publicitaires.

# LA REVUE DE PRESSE

C'est une compilation des nouvelles qu'ont diffusées les médias sur un groupe ou un sujet. La revue de presse comprend des coupures de journaux et de revues ainsi que des transcriptions de nouvelles radio-télé. Ces coupures et transcriptions doivent être identifiées (date de parution et nom du média) et classées par ordre chronologique.

L'utilité d'une revue de presse diffère selon qu'elle rassemble des nouvelles portant sur un groupe ou sur un sujet.

## La revue de presse sur un groupe

Elle vous permet d'évaluer vos interventions dans les médias, de les comparer, d'identifier les médias qui diffusent le plus ou le moins de nouvelles sur votre groupe, d'évaluer le traitement qu'ils leur donnent et, le cas échéant, d'appuyer une plainte à un média ou au Conseil de presse si vous vous estimez mal servi par un ou plusieurs médias.

Ce type de revue de presse peut servir également à faire valoir l'importance de vos services et activités lorsque vous sollicitez une subvention, l'intervention de votre député, etc.

## La revue de presse sur un sujet

Elle constitue un outil de référence pour les interventions médiatiques, politiques et autres d'un groupe.

*Exemple:*

Un groupe écologiste qui fait une revue de presse sur l'environnement peut s'y référer pour connaître l'état de la question environnementale dans l'opinion publique, identifier la position des autres intervenants sur cette question, rappeler à un ministre les termes et les circonstances exacts d'une déclaration ou d'une promesse antérieure, etc.

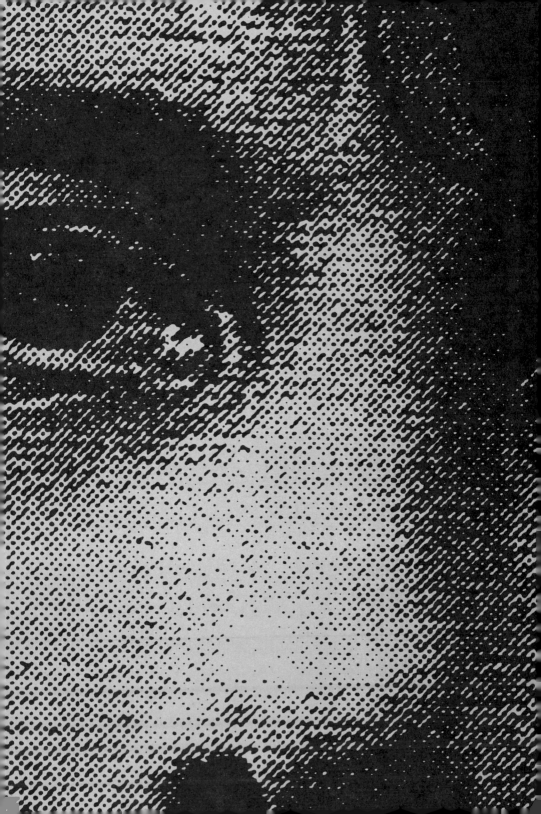

# CHAPITRE 2

# LE PLAN D'INTERVENTION

Lorsque vous voulez intervenir dans les médias, il y a beaucoup de possibilités qui s'offrent à vous. L'important est de faire des choix judicieux: choisir les bons médias, le bon moment, la bonne façon, etc. Sinon, vous risquez de rater votre objectif et toutes vos énergies auront été investies en pure perte.

Il vous faut donc planifier votre intervention pour viser juste. Et le meilleur outil de planification, c'est un plan d'intervention.

Un plan d'intervention, ce n'est pas sorcier. Il s'agit simplement d'identifier vos besoins et vos ressources pour choisir ensuite les moyens appropriés. Cela se fait en deux étapes: la définition de votre problématique et l'élaboration d'une stratégie.

## LA PROBLÉMATIQUE

Posez-vous une série de questions pour cerner vos besoins et vos ressources:

• Quoi? votre message;

• Pourquoi? l'objectif visé par votre message;

• À qui? le public auquel s'adresse votre message;

• Avec qui? Avec quoi? les ressources (temps, budget, personnel) dont vous disposez.

## LA STRATÉGIE

À partir des réponses à ces questions, vous choisissez les moyens appropriés:

• Le message, son contenu et sa forme;

• Les médias qui transmettront votre message à votre public cible;

• Le moment propice pour intervenir dans les médias;

• Les techniques adéquates (communiqué? conférence de presse? photo avec bas de vignette?).

# DÉFINIR LA PROBLÉMATIQUE

## VOS BESOINS

Avant toute chose, demandez-vous si vous avez réellement besoin d'une intervention dans les médias.

Certains groupes ont tendance à idéaliser les médias et y interviennent de façon répétitive et injustifiée, sans nécessité réelle. Les médias ne sont pas une fin en soi, ils ne créent pas la vitalité d'un groupe; ils servent de support à l'action d'un groupe qui a sa propre vitalité. Vous réussirez peut-être à faire publier un communiqué injustifié dans un journal si vous avez affaire à un journaliste insouciant ou complaisant, mais si vous persistez dans cette veine, vos communiqués seront systématiquement ignorés par les médias, même celui-là qui serait d'une importance capitale pour vous.

Comment identifier vos besoins? En vous posant une série de questions: Quoi? (le contenu de votre message), pourquoi? (l'objectif visé par ce message), à qui? (le public auquel il s'adresse).

Cet exercice n'est pas inutile, car les réponses à ces questions vous aideront à choisir les moyens qui répondront à vos besoins.

## Votre message

Évaluez votre message à sa juste mesure. Les groupes ont tendance à surévaluer l'importance de leur mes-

sage. Ils ont tellement foi en leur cause qu'ils oublient que, par exemple, c'est une nouvelle qu'ils doivent présenter aux médias de masse et ils négligent d'identifier les éléments de leur message qui constituent une bonne nouvelle.

**Les questions:**

- Quelle est l'information prioritaire que vous voulez livrer dans votre message? les informations complémentaires?

- Votre message contient peu ou beaucoup d'informations?

- Votre message porte-t-il sur l'actualité? sur vos activités et services? sur l'idéologie, la cause que vous défendez?

## Votre objectif

On n'intervient pas dans les médias sans raison. Il y a donc une intention derrière votre message, un objectif qui motive votre intervention, un effet que vous cherchez à produire. Il vous faut bien cerner l'objectif de votre intervention pour que tous les moyens utilisés convergent vers ce but.

**Les questions:**

- Votre message vise-t-il à rendre vos services disponibles à une communauté? à faire connaître votre groupe?

- Voulez-vous provoquer un changement d'opinion? d'attitude? de décision?

- Visez-vous la mobilisation de la population? le renversement d'une décision ministérielle? l'adoption d'un règlement municipal?

## Votre public cible

Il est très rare qu'on veuille rejoindre la population en général. En fait, un message s'adresse d'abord à un public en particulier et ensuite, à la population en général.

*Exemple:*

Les messages d'un syndicat s'adressent tantôt au gouvernement, tantôt à la partie patronale, tantôt à ses membres bien qu'ils aient toujours l'air de s'adresser à l'ensemble de la population.

Votre message a donc un public, un segment de population auquel il s'adresse de façon particulière.

Qui sont ces gens? Posez-vous des questions pour connaître leur situation géographique, leurs caractéristiques socio-économiques (âge, sexe, scolarité, etc), leur position par rapport à votre message, par rapport à votre groupe.

**Les questions:**

- À qui s'adresse votre message? À la population du pays, de votre région, de votre localité? Aux gens de votre quartier? Aux membres de votre association?
- Qui sont ces personnes? Des adolescents? des personnes âgées? des gens scolarisés? des gens du milieu des affaires? des amateurs de chasse et pêche? les autorités municipales?
- Ont-ils déjà été informés sur le sujet que vous leur présentez?
- Sont-ils indifférents, sympathiques ou hostiles à votre message? à votre cause? à votre groupe?

# VOS RESSOURCES

Vous devez connaître les ressources (temps, budget, personnel) dont vous disposez pour mener votre intervention dans les médias.

**Les questions:**

- Devez-vous intervenir rapidement auprès des médias ou avez-vous du temps devant vous?
- Combien votre budget vous permet-il d'affecter à votre intervention?
- Sur combien de personnes pouvez-vous compter pour mener votre opération? Ces personnes seront-elles disponibles au moment voulu? disposées à travailler? efficaces dans les domaines où vous avez besoin de compétences (ex.: rédaction, mise en page, distribution d'un dépliant)?

Attention! Votre intervention dans les médias aura des effets à court, moyen et long terme. Il vous faut savoir si vous disposez des ressources nécessaires pour assumer cet impact.

*Exemple:*

Votre campagne d'information sur un service d'écoute téléphonique offert aux femmes en difficulté obtient un succès phénoménal: nouvelle à la une dans les médias, entrevues, participation à une tribune téléphonique, etc. Votre organisation n'est toutefois pas prête à assumer l'avalanche d'appels qui suit parce que votre équipe de bénévoles n'est pas complétée. Un bref communiqué annonçant ce service pour bientôt aurait alors été préférable.

# ÉLABORER UNE STRATÉGIE

Vous avez en main des réponses précises aux questions que vous vous êtes posées au cours de l'exercice précédent. Vous connaissez donc vos besoins et vos ressources.

Il s'agit maintenant de choisir, parmi les moyens à votre disposition, ceux qui répondent adéquatement à vos besoins et qui conviennent à vos ressources.

## LE MESSAGE

Vous êtes le premier informateur des médias. C'est vous qui, dans un premier temps, informerez les médias, lesquels transmettront par la suite votre message au public. Il vous faut donc une connaissance approfondie de votre sujet.

Bâtissez votre message en tenant compte de ces quelques règles élémentaires.

- Réunissez toutes les informations nécessaires à la compréhension de votre message.

- Dégagez l'élément essentiel de votre message. Misez sur cet élément et servez-vous des informations complémentaires pour bien faire comprendre l'essentiel de votre propos. Ne noyez pas votre message dans un flot d'informations inutiles.

- Donnez des informations claires, complètes et exactes.

- Présentez une argumentation concrète plutôt que des énoncés de principe.

- Adoptez un langage simple. Évitez le jargon spécialisé et les termes trop techniques.

- Adaptez votre message à votre objectif de communication et à votre public cible que vous avez clairement identifiés au cours de l'exercice précédent. Le contenu (informations, arguments) et la forme (ton, langage) de votre message doivent être choisis en ce sens.

## Adaptez votre message à votre objectif de communication

Vous voulez informer les gens sur vos activités et services? Soignez l'exactitude de vos renseignements.

Vous cherchez à provoquer un changement d'opinion? d'attitude? de décision? Soignez la solidité de votre argumentation.

Vous vous opposez à un projet de loi, à la déclaration d'une personnalité connue? Vous recherchez un appui dans le public? Soignez votre image publique.

Quelques conseils:

- Démontrez que votre intention est positive. Si vous vous opposez à quelque chose, c'est parce que vous avez mieux à proposer. Insistez sur l'aspect positif de votre position: votre souci du bien public, votre volonté de trouver la meilleure solution à un problème, etc. Les groupes qui sont en position continuelle de revendication développent une image hargneuse à la longue. Alors, donnez une tournure positive à votre message.

• Ne répétez jamais intégralement les propos d'un adversaire. L'attention du public ne doit pas porter sur la déclaration de votre adversaire mais sur la vôtre. Référez-vous à cette déclaration adverse sans la citer expressément et donnez votre position.

## Adaptez votre message à votre public cible

Pour que votre message soit bien compris et perçu favorablement par votre public cible, il doit tenir compte de trois éléments importants.

***Les caractéristiques socio-économiques (sexe, âge, scolarité, etc) de votre public cible*** Adoptez un ton alerte pour un public d'adolescents, plus respectueux pour une clientèle âgée. Misez sur des chiffres pour convaincre les gens d'affaires, sur une argumentation plus savante pour séduire des gens scolarisés. Évitez les termes qui choqueraient votre public. Adoptez un langage qu'il affectionne. Dans le cas de vos propres moyens de communication (dépliants, affiches, etc), cela va même jusqu'à choisir un caractère d'imprimerie, des couleurs et des illustrations adaptés à votre clientèle.

***Le niveau de connaissance de votre public cible sur le sujet*** Sachant ce que votre public sait ou ne sait pas sur le sujet, vous choisirez les arguments et les informations auxquels il sera plus sensible.

*Exemple:*
Un message demandant aux ménagères de boycotter un produit nettoyant hautement toxique doit expliquer les effets néfastes de ce produit s'ils ne leur sont pas déjà connus.

***La position de votre public cible par rapport à votre message, à votre groupe, à votre cause*** Vous vous adressez à des adversaires farouches? Livrez-leur des arguments et des informations qui neutraliseront leur opposition, qui dissiperont leurs préjugés. À des personnes indifférentes? Le contenu de votre message doit attiser leur curiosité et susciter une attention bienveillante. À de fidèles partisans? Votre message doit raffermir leur solidarité.

*Exemple:*
Une association étudiante mène une campagne contre le dégel des frais de scolarité et cherche à obtenir l'appui des personnes apparemment indifférentes à ce problème tels les célibataires, les couples sans enfant, les personnes âgées. L'indifférence de ces gens peut se transformer en résistance active s'ils se sentent menacés par les revendications des étudiants. Ceux-ci doivent alors démontrer que leurs revendications n'entraîneront pas une hausse des impôts mais un enrichissement collectif de la société.

## LES MÉDIAS

Les médias sont différents les uns des autres. Il vous faut connaître les médias pour choisir celui ou ceux qui conviennent le mieux à vos besoins du moment. Consultez le chapitre «Les médias» qui vous renseignera sur les différents types de médias, leurs particularités et leur utilité.

## Choisissez les médias qui rejoignent votre public cible

Choisissez les médias nationaux, régionaux ou locaux selon que vous cherchez à rejoindre la population du pays, de votre région ou de votre localité. Privilégiez certains d'entre eux pour viser encore plus juste: la radio pour les adolescents, les journaux pour une clientèle scolarisée, les médias ethniques pour une communauté culturelle, les pages économiques des journaux et les revues spécialisées en économie pour les gens d'affaires, etc.

Un ou plusieurs médias? Si, parfois, une seule intervention dans un média (ex.: un communiqué à l'hebdo local) est suffisante, il faut généralement recourir à différents médias car votre public cible est habituellement dispersé et ne se retrouve pas dans la clientèle d'un seul média.

*Exemple:*
Pour annoncer la tenue d'un salon régional du livre, le comité organisateur utilisera les médias régionaux, les cahiers culturels des quotidiens nationaux, les émissions culturelles des réseaux nationaux de radio et de télévision, les revues littéraires et les affiches.

## Choisissez les médias qui s'intéressent à votre message

Bien des groupes utilisent indifféremment les médias sans se soucier de ce qui mérite de passer dans l'un ou l'autre de ces canaux de diffusion. Pas étonnant qu'ils se plai-

gnent ensuite du peu de cas qu'on a fait de leur message; eux-mêmes ne se sont pas préoccupés de ce qui intéressait les médias.

Votre message porte sur l'actualité? C'est une nouvelle qui peut intéresser les médias de masse.

Il donne des renseignements sur vos activités et services? C'est une information de service qui peut être transmise:

1) dans les chroniques de service à la communauté des médias de masse;

2) par les médias communautaires;

3) par vos propres moyens de communication (dépliants, bulletins d'association, etc.).

## Choisissez vos médias en fonction de votre objectif de communication

Visez-vous le renversement d'une décision ministérielle? Un petit article dans un quotidien national influent aura un impact plus grand qu'un dossier suivi dans un média communautaire.

Visez-vous l'adoption d'un règlement municipal? Un article à la une de l'hebdo local aura un poids considérable.

Si aucun des médias existants ne peut transmettre efficacement votre message à votre public au moment qui vous convient, vous pouvez alors créer vos propres moyens de communication (dépliant, affiche, circulaire, etc.).

# LE MOMENT STRATÉGIQUE

Vous n'avez aucun contrôle sur le moment de diffusion de votre message; ce sont les médias qui décident s'ils le diffuseront et quand. Mais vous pouvez tout au moins choisir le moment où vous leur livrerez votre message. Le meilleur moment, c'est celui qui convient à vos besoins, à ceux des médias ainsi qu'aux besoins de l'actualité. Et rappelez-vous qu'il vaut mieux retenir une nouvelle que la laisser paraître à un moment inopportun.

## Selon vos besoins

Une nouvelle peut servir ou desservir vos besoins selon le moment où elle sera rendue publique. Choisissez le moment qui a le plus de chance de produire l'impact que vous recherchez.

***Impact à l'interne*** La diffusion prématurée d'une nouvelle peut avoir un impact négatif sur vos troupes. Informez d'abord vos membres et ensuite, les médias.

*Exemple:*
La parution d'une nouvelle sur vos problèmes financiers ou sur la démission de votre présidente peut avoir un effet démobilisateur sur vos membres qui n'étaient pas conscients de la gravité de la situation.

***Impact dans le public*** Choisissez le moment où le public est disposé à entendre votre message et nourrit de bonnes dispositions à son égard.

Il y a des périodes de l'année où le public est plus ou moins réceptif à certains messages.

*Exemple:*
Une campagne d'information sur les jouets dangereux est assurée d'un plus grand impact pendant les mois qui précèdent la fête de Noël.

Un message peut être perçu négativement ou positivement selon le contexte.

*Exemple:*
Le comité de malades d'un hôpital dévoilera ses griefs contre le personnel hospitalier pendant ou après la grève des infirmières s'il juge que cette grève bénéficie ou non de l'appui de la population.

## Selon les besoins de l'actualité

Évitez autant que possible les périodes où l'actualité est en surchauffe. C'est le cas notamment en période électorale, au moment de la présentation du budget, du discours du trône, etc. Les médias ont alors amplement de nouvelles à se mettre sous la dent et la vôtre peut leur paraître d'intérêt négligeable. Certaines de ces périodes sont prévisibles, mais vous ne pouvez toutefois pas prévoir tous les événements (ex.: scandales politiques, désastres naturels, etc.) qui viendront surchauffer l'actualité et diluer l'importance de votre nouvelle.

Si une actualité trop abondante risque de porter ombrage à votre nouvelle, certains grands événements peuvent cependant lui servir de locomotive et lui donner une importance qu'elle n'aurait pas eue en un autre temps.

*Exemple:*

Un accident majeur dans une centrale nucléaire européenne monopolise l'attention des médias du monde entier mais offre une occasion inespérée aux groupes environnementaux de manifester leurs inquiétudes face aux centrales nucléaires québécoises.

Certains thèmes ont la faveur des médias pendant une plus ou moins grande période de temps. Sachez profiter de ces moments privilégiés où les médias chérissent le thème auquel est relié votre nouvelle.

*Exemples:*

Le gouvernement crée une commission parlementaire sur l'immigration? C'est le moment pour le Regroupement des femmes immigrantes d'attirer l'attention des médias sur les problèmes particuliers de ses membres.

La semaine de la protection des animaux s'annonce ? Les sociétés de protection des animaux préparent leurs communiqués en prévision de ce moment.

## Selon les besoins des médias

Il vous faut connaître les règles qui gouvernent la production des médias pour leur expédier votre nouvelle au moment qui leur convient.

***Heure ou jour de tombée*** C'est le dernier moment où un média accepte une nouvelle pour diffusion dans sa prochaine édition.

Assurez-vous que votre nouvelle parvienne aux médias avant ce moment fatidique. Même si votre retard n'est que de quelques heures, les médias sont justifiés de refuser votre nouvelle ou de retarder sa diffusion. Dans ce dernier cas, votre nouvelle risque alors de devenir périmée ou de paraître trop tard pour les besoins de votre action. La durée de vie d'une nouvelle est habituellement très courte.

L'heure ou le jour de tombée varie d'un média à l'autre. Les médias électroniques ont différentes heures de tombée au cours de la journée selon le nombre de leurs bulletins quotidiens d'information. Les quotidiens ont une heure de tombée par jour. Les hebdomadaires ont une échéance à une heure précise d'une journée de la semaine. Les mensuels ont un jour de tombée qui précède de plusieurs semaines le moment de leur parution.

L'heure ou le jour de tombée varie également selon le message à transmettre. Un hebdomadaire, par exemple, aura des heures différentes de tombée pour les annonces classées, les communiqués de presse, les communiqués d'intérêt communautaire et les messages publicitaires. Les quotidiens nationaux préparent leurs cahiers culturels du samedi en milieu de semaine (mardi ou mercredi) et non le vendredi, comme on serait porté à le croire.

***L'embargo*** Expédiez votre nouvelle au moment où elle peut être diffusée immédiatement. Un procédé vous permet toutefois de retarder sa diffusion. Il s'agit de l'embargo qui est une interdiction de diffuser avant le moment que vous précisez. Cette interdiction ne doit en aucun cas excéder 48 heures. Elle ne vaut que pour les communiqués de presse et prend la forme d'une mention inscrite en haut de page: «Ne pas publier avant telle date et telle heure».

Ne recourez à l'embargo que lorsqu'il est pleinement justifié. En abuser nuirait à vos relations avec les médias.

Quel type de nouvelle justifie le recours à l'embargo?

- Une nouvelle liée à une affaire qui est devant les tribunaux. L'embargo, dans ce cas, vise simplement à respecter un interdit de publication.
- Une nouvelle qui sera annoncée en conférence de presse. L'embargo, dans ce cas, empêche les médias de diffuser votre nouvelle avant votre conférence de presse.

*Exemples:*
À Montréal: Le communiqué expédié aux médias par Telbec avant la conférence de presse.
En région: Le communiqué expédié par la poste aux médias trop éloignés pour se rendre à votre conférence de presse.

L'embargo est généralement respecté par les médias. Mais attention! Un journaliste peut se libérer de cette consigne s'il se fait confirmer votre nouvelle par une autre source. Il devient ainsi autorisé à diffuser votre nouvelle dans son média. Du même coup, l'embargo ne vaut plus pour les autres médias, car ils viennent d'obtenir confirmation de votre nouvelle par ce média.

### La disponibilité des journalistes
Pour convoquer une conférence ou une rencontre de presse ou pour obtenir un reportage, il vous faut tenir compte de la disponibilité des journalistes.

Les journalistes des hebdomadaires régionaux et locaux ne travaillent pas pendant les fins de semaine à moins d'un événement spécial à couvrir (ex.: congrès, manifestation, etc.) et ils sont généralement trop occupés à rédiger leurs articles la veille de la parution du journal pour accepter de vous rencontrer ou de participer à une conférence de presse.

Les journalistes des médias nationaux travaillent de plus en plus en rotation car leurs nouvelles conventions collectives leur accordent la semaine de quatre jours. Si vous cherchez à rejoindre un journaliste en particulier, il vous faudra connaître les journées où il est au travail.

## LES TECHNIQUES

Il y a plusieurs techniques d'intervention dans les médias: communiqué, conférence de presse, lettre des lecteurs, chronique, etc. L'efficacité de l'une et de l'autre dépend de plusieurs facteurs qui vous sont expliqués dans le chapitre «Les techniques».

### Choisissez votre technique en fonction de votre message

Votre nouvelle contient beaucoup ou peu d'informations? Selon l'ampleur de l'information à livrer, choisissez la conférence de presse, le communiqué de presse ou tout simplement, la photo accompagnée d'un bas de vignette.

Votre message porte sur vos activités et vos services? Utilisez le communiqué d'intérêt communautaire pour un message très bref (ex.: l'annonce de votre nouvel horaire d'été). Tentez d'obtenir une chronique dans les médias si vous avez beaucoup d'informations à livrer.

## Choisissez votre technique en fonction de vos ressources

Certaines techniques n'ont de suc-cès que si vous disposez d'une équipe de travail (ex.: chronique régulière) ou d'un bon porte-parole (ex.: entrevue, débat, conférence de presse).

Certaines demandent plus de temps que d'autres (ex.: la conférence de presse par rapport au communiqué de presse).

Certaines sont hors de votre portée si vous ne disposez pas d'un budget relativement important (ex: message publicitaire).

# EXEMPLE D'UN PLAN D'INTERVENTION

**Votre besoin initial:** Une intervention rapide pour empêcher le conseil municipal de voter le règlement 138 à sa réunion du lendemain.

## VOTRE PROBLÉMATIQUE

**Votre message:** Il faut empêcher le conseil municipal de voter le règlement 138.

**Votre objectif**: Convaincre la population locale de se rendre à la réunion du conseil municipal pour empêcher l'adoption du règlement 138.

**Votre public cible:** Les citoyens de votre municipalité.

**Vos ressources:** Personnel: votre agent de presse. Temps: 24 heures. Budget: inexistant.

## VOTRE STRATÉGIE

**Le message:** Des informations et des arguments démontrant l'iniquité du règlement 138 et la nécessité d'empêcher son adoption. Un ton et un langage convaincants.

**Le média:** La radio locale qui est un média très souple capable de réagir rapidement.

**Le moment:** La veille de la réunion du conseil municipal.

**La technique:** Un communiqué de presse remis en main propre à un journaliste de la radio.

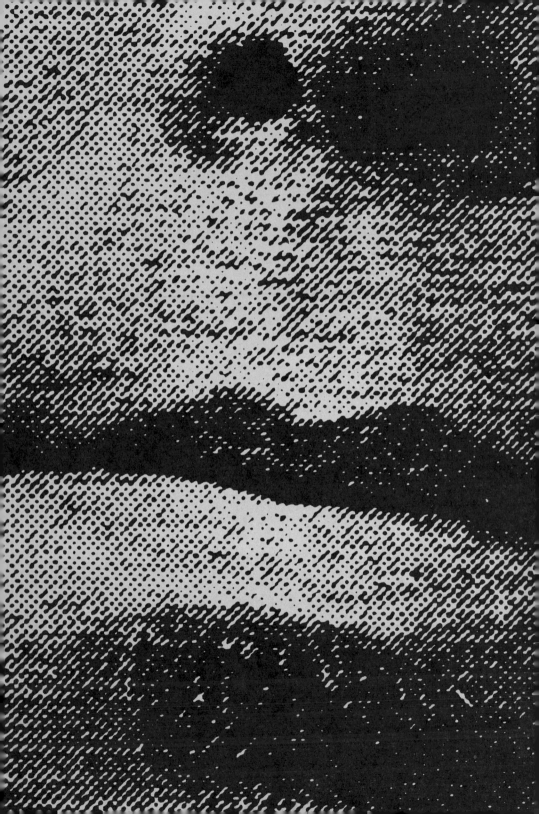

# CHAPITRE 3

# LES MÉDIAS

Les médias sont différents les uns des autres. Ce qui les différencie? Leur clientèle (l'ensemble de la population nationale, régionale, locale; une communauté culturelle, les amateurs de ski, les membres d'une association, etc.), le mode de diffusion qu'ils utilisent (le journal, la radio, la télévision), leur rythme de production (quotidien, hebdomadaire, bimensuel, etc.), leurs objectifs (le profit, le service à une communauté), leur mode de fonctionnement (le professionnalisme, l'amateurisme, le bénévolat).

L'ensemble de ces particularités détermine la politique d'information de chaque média. La politique d'information d'un média est un guide plus ou moins formel qui oriente non seulement le choix des informations qu'il diffusera mais aussi l'aspect de l'information qu'il privilégiera, la forme qu'il lui donnera, etc. Qu'elle soit formelle ou pas, écrite ou pas, chaque média a sa politique d'information.

L'ensemble de ces particularités fait également qu'un média a plus ou moins de crédibilité auprès du public ou des autorités, qu'il repose sur une organisation plus ou moins complexe, qu'il est plus ou moins difficile d'accès.

Il vous faut connaître les médias, les particularités de chacun, pour les utiliser efficacement.

Dans le présent chapitre, vous retrouverez les principales caractéristiques des différents types de médias et les lignes directrices de la stratégie à adopter.

Les médias y ont été regroupés de la façon suivante:

- **Les médias de masse**

  Les médias nationaux, les médias régionaux, les médias locaux

- **Les médias complémentaires**

  Les médias communautaires, les médias ethniques, les médias spécialisés, les médias autonomes.

• **Les médias écrits et électroniques**

Les journaux, la radio, la télévision.

Cette typologie n'est évidemment pas exclusive. Un média spécialisé, par exemple, peut être également un média écrit et un média national.

N'hésitez pas à utiliser les médias car si vous avez besoin d'eux, ils ont aussi besoin de vous. Pour informer leur public, ils doivent d'abord être eux-mêmes informés. Les informations qu'ils diffusent ne viennent pas du néant, elles proviennent, notamment, de groupes comme le vôtre.

## LES MÉDIAS DE MASSE

Les médias de masse transmettent de l'information à l'ensemble de la population d'un secteur géographique donné. Ce sont des médias nationaux, régionaux ou locaux, selon qu'ils s'adressent à la population du pays, d'une région ou d'une localité.

## LEURS PRINCIPALES CARACTÉRISTIQUES

### Ils ont un pouvoir important

C'est par eux que les autorités connaissent l'opinion et les attentes de la population et que celle-ci est informée des intentions et des décisions de ceux-là. Par l'information qu'ils véhiculent, ils orientent le jugement et l'attitude de la population et des autorités. Ils ont donc un grand pouvoir sur l'opinion publique et sur les autorités de toute sorte (gouvernement, conseil municipal, direction d'un hôpital, d'une compagnie, d'un syndicat, etc.). Ce pouvoir est réel autant pour une grande chaîne de télévision nationale que pour un hebdo local, la différence étant que la zone d'influence de ce dernier est plus restreinte.

### Ils s'intéressent à l'actualité

Le rôle des médias de masse est d'informer leur public sur les événements récents qui se produisent dans leur milieu. Ils diffusent des nouvelles, c'est-à-dire des informations liées à l'actualité.

*Une nouvelle est une information qui apporte du nouveau à l'actualité ou un élément nouveau à du déjà connu.*

*Exemple:*
L'annonce de la tenue d'un congrès ou l'annonce de la participation d'une personnalité prestigieuse à ce congrès.

## Ils emploient des professionnels de l'information

Leur personnel de direction et leurs journalistes sont des professionnels de l'information.

Le personnel de direction affecte les journalistes à la couverture d'un sujet ou d'un événement, décide si une nouvelle sera diffusée ou pas, détermine l'importance qu'aura cette nouvelle dans le journal ou le bulletin de nouvelles.

Les journalistes font la cueillette et le traitement de l'information.

# VOTRE STRATÉGIE

Les médias de masse sont habituellement perçus comme une source fiable d'information. Le simple fait de paraître dans l'un de ces médias garantit presque automatiquement une crédibilité à votre information. Alors, utilisez-les! Ils ont une influence considérable sur l'opinion publique et c'est bien souvent la seule forme de pouvoir auquel ont accès les groupes.

## Donnez-leur de la nouvelle
### Qu'est-ce qui fait une nouvelle?

Ce sont les événements qui généralement donnent matière à nouvelle, mais il y d'autres occasions. Les motifs à nouvelle sont multiples. Sachez les identifier et les utiliser.

*Les événements* Ils vous sont fournis, soit par la vitalité de votre propre groupe, soit par l'actualité. Vous pouvez annoncer un événement que vous avez vous-mêmes provoqué (ex.: une activité, une nomination, un congrès, etc.) ou donner votre point de vue sur un événement déjà rapporté par les médias (ex.: votre réaction à une déclaration ministérielle, à une décision d'un conseil municipal, aux conclusions d'un rapport d'enquête, etc.). Parfois même, l'absence d'événements donne motif à nouvelle.

*Exemple:*
L'absence de vols dans un quartier depuis la création d'un comité de vigilance.

*Les statistiques* Les statistiques offrent un prétexte à nouvelle lorsqu'elles révèlent un phénomène inconnu ou un aspect nouveau d'un phénomène déjà connu. Utilisez celles que vous produisez vous-mêmes ou celles des autres.

*Exemples:*
Le nombre de demandes d'aide auxquelles vous n'avez pu répondre à cause d'une coupure de budget.
Le nombre de chômeurs autochtones que les rapports trimestriels d'Emploi et Immigration Canada oublient de comptabiliser ou de publiciser.

***Les cas vécus*** Le témoignage d'une personne sur un cas vécu offre un prétexte à nouvelle s'il met en lumière une situation exceptionnelle, dramatique ou tout à fait inconnue du public, ou encore s'il vient illustrer de façon tangible un débat public. Les médias aiment bien ces reportages d'intérêt humain qu'ils offrent en dessert à leur public après les nouvelles indigestes de l'actualité.

*Exemple:*

Le témoignage d'une employée domestique qui vient illustrer la précarité du travail au noir après la parution d'un rapport d'enquête sur l'ampleur du travail clandestin.

Mais attention! N'en abusez pas. Autant le public, les médias que les assistés sociaux eux-mêmes se sont lassés de ces reportages larmoyants sur les frigos vides et les logements délabrés des assistés sociaux.

***Les phénomènes sociaux*** Emprisonnés dans le tourbillon de l'actualité, les médias ne découvrent pas d'eux-mêmes les nouveaux phénomènes de société. Ce sont des groupes comme le vôtre qui ont porté à leur attention le phénomène de la violence faite aux animaux de laboratoire, du harcèlement sexuel en milieu de travail, etc.

Il n'y a pas que les malheurs qui font la nouvelle. Les médias s'intéressent aussi aux dénouements heureux, aux réussites, aux cas positifs. Les groupes cherchent à faire la nouvelle lorsqu'ils sont aux prises avec un problème ou un conflit et oublient les médias dès que ça va bien. Une nouvelle positive de temps à autre peut redorer l'image trop âprement revendicatrice qu'ont parfois certains groupes.

*Exemple:*

Un reportage sur les effets bénéfiques du parrainage qu'offre l'Association des grands frères aux familles monoparentales.

## Quelle nouvelle intéressera un média de masse?

D'abord et avant tout, celle qui est susceptible d'intéresser son public. Il faut aussi qu'elle soit importante et récente.

***L'intérêt du public*** Un média de masse est une entreprise commerciale qui a une clientèle à servir et il diffusera les nouvelles qui présenteront un intérêt pour son public. Les médias nationaux, régionaux, locaux diffusent des nouvelles d'intérêt national, régional, local.

***L'importance de la nouvelle*** C'est principalement le lien d'une nouvelle avec l'actualité qui fait son importance.

*Exemple:*

La position d'un groupe sur un problème écologique aura plus d'importance, aux yeux des médias, si elle leur est présentée au moment où siège une commission parlementaire sur l'environnement.

L'importance d'une nouvelle se mesure aussi à l'ampleur des conséquences évoquées, la notoriété des personnalités impliquées, etc.

***La fraîcheur de la nouvelle*** Un média exigera des nouvelles plus ou moins récentes selon qu'il diffuse des nouvelles sur une base quotidienne, hebdomadaire ou autre.

*Exemple:*

Une radio qui produit des bulletins de nouvelles d'heure en heure a continuellement besoin de nouvelles fraîches, lesquelles deviennent périmées assez rapidement.

### Le prêt-à-publier de la nouvelle

Une nouvelle dont le contenu et la forme répondent à des critères professionnels sera plus aisément retenue pour diffusion. Les médias de masse sont des entreprises commerciales et cherchent à minimiser leurs coûts de production. Alors, entre deux nouvelles d'intérêt similaire, le média choisira celle qui demandera moins de travail à ses journalistes.

*Exemple:*

Un communiqué de presse bien rédigé et bien présenté sera préféré à un communiqué incomplet ou incompréhensible.

Un média sera plus ou moins exigeant dans la sélection des nouvelles selon l'espace/temps dont il dispose. Selon qu'un bulletin de nouvelles dure dix ou deux minutes, que la publicité laisse 30 ou 10 pages au contenu rédactionnel d'un journal, un média acceptera un plus ou moins grand nombre de nouvelles.

## Agissez en professionnel

C'est avec les journalistes que vous aurez affaire le plus souvent. Ce sont des professionnels dont le métier consiste à informer le public. Ils recherchent des informations qu'ils traiteront pour en faire des nouvelles.

## Donnez-leur de l'information

Vous êtes le premier informateur des journalistes. À l'exception des chroniqueurs spécialisés en économie, en relations de travail, etc., les journalistes ne sont pas des spécialistes. C'est vous qui devez connaître votre sujet à fond et leur livrer toutes les informations nécessaires. Alors, donnez-leur ce qu'ils recherchent: de l'information exacte, véridique, pertinente et vérifiable.

## Ne leur camouflez pas la vérité

S'ils vérifient vos allégations et découvrent la vérité, ils relèveront la supercherie et en feront état dans les médias.

## Ne cherchez pas à les manipuler

N'essayez pas de les utiliser pour faire la promotion de votre groupe, ce ne sont pas des relationnistes à rabais; n'espérez pas qu'ils transmettent vos messages intégralement, ce ne sont pas des facteurs; ne leur demandez pas de prendre parti dans un conflit, ce sont des observateurs de l'actualité qui prétendent à l'objectivité. Les journalistes ne sont pas nés de la dernière pluie et déjouent facilement ceux qui veulent les manipuler.

## Soyez convaincants

Les journalistes sont des êtres humains qui ont leur propre interprétation des faits que vous leur présentez. Donnez-leur des arguments solides qui les convaincront de la valeur réelle de votre information. C'est la solidité de votre argumentation et de vos informations qui bâtira votre crédibilité auprès d'un journaliste et créera un climat de confiance.

Les journalistes sont confrontés quotidiennement aux bouillonnements de l'actualité. Il faut plus qu'une information sèche pour retenir leur attention. Démontrez le caractère particulièrement dramatique, spectaculaire ou exceptionnel de votre nouvelle.

### Évitez les blâmes inutiles

N'allez pas faire reproche à un journaliste du titre qu'on a donné à votre nouvelle, du peu de temps ou d'espace ou de l'emplacement défavorable qu'on lui a réservé dans le bulletin de nouvelles ou le journal; ce n'est pas lui qui a pris ces décisions mais ses supérieurs. Ne faites pas de tempête dans un verre d'eau: oubliez la déclaration mal citée, l'omission d'un nom ou autre détail si, dans l'ensemble, l'essentiel de votre message a été bien livré. Par contre, vous pouvez exiger une rectification s'il s'est glissé une erreur (date, nom, chiffre, etc.) ou une mauvaise interprétation des faits qui a des conséquences importantes.

Le remercier? Un journaliste n'attend pas de remerciements pour un article ou un reportage, c'est son travail. Vous pouvez cependant, l'occasion s'y prêtant, lui faire part de votre appréciation sur le traitement qu'il a donné à votre nouvelle.

# LES MÉDIAS NATIONAUX

## LEURS PRINCIPALES CARACTÉRISTIQUES

### Ils sont difficiles d'accès

Les médias nationaux reposent sur une grande organisation fortement hiérarchisée et il est parfois difficile de s'y retrouver.

La structure organisationnelle d'un quotidien national ressemble à ceci: au sommet de la pyramide, le rédacteur en chef prend les décisions sur la politique d'information et l'avenir du journal; le directeur de l'information assume la planification à moyen terme du journal (c'est lui qui décide, par exemple, que tel sujet sera traité dans l'édition du mercredi); le chef de pupitre planifie au jour le jour le contenu du journal (tel sujet sera traité dans telle page, sous tel titre, en un certain nombre de colonnes); les responsables des cahiers spécialisés (économie, sport, culture, etc.) décident du contenu de ces cahiers; et à la base de cette pyramide, les journalistes recueillent et traitent l'information.

### Ils choisissent la nouvelle

Les médias nationaux sont submergés de nouvelles. Il leur en arrive de partout: les textes produits par leurs journalistes, les communiqués de presse, les dépêches des agences de presse nationales et internationales, les dépêches de l'agence de diffusion Telbec, etc. Sollicités de toutes parts, ils ont le choix de la nouvelle.

## Ils sont en compétition

Malgré l'abondance, c'est la primeur d'une nouvelle qui intéresse les médias nationaux, car ils sont dans une situation de très vive concurrence.

## Ils font de l'information nationale

Leur rôle est d'informer la nation sur ce qui se passe dans le monde et dans le pays. Ils privilégient donc la nouvelle internationale et nationale et ils ne s'intéresseront à la nouvelle locale ou régionale que dans la mesure où elle se révèle d'intérêt national ou si elle a un caractère exceptionnellement inusité, dramatique ou spectaculaire qui lui donne de l'importance.

# VOTRE STRATÉGIE

## Adressez-vous à la bonne personne

Adressez-vous, de préférence, au journaliste spécialisé dans le domaine où vous oeuvrez (chroniqueur syndical, économique, artistique, etc.). Vous pouvez également communiquer avec le chef de pupitre (ex.: pour une conférence de presse prévue pour le lendemain), le directeur de l'information (ex.: pour un congrès qui aura lieu dans deux semaines), le rédacteur en chef (ex.: pour une plainte sur la politique d'information).

N'envoyez jamais une communication écrite (communiqué, convoca-tion à une conférence de presse ou autre) à un média sans l'adresser à une personne en particulier. Si cette communication écrite est destinée à un journaliste, faites-en parvenir copie à son supérieur immédiat.

## Choisissez votre nouvelle

Ne les dérangez pas pour des broutilles, vous y perdriez votre crédibilité. Vos services et activités, vos problèmes de financement et de survie, c'est votre pain quotidien, mais c'est un trop petit pain pour les médias nationaux qui ne s'intéressent qu'à ce qui est vraiment important. Par contre, si plusieurs groupes partagent un même problème (ex.: coupure de subventions aux groupes qui ont du personnel rémunéré), il y a là un phénomène important susceptible d'être couvert par les médias nationaux. Même chose si vous voulez réagir à un sujet d'actualité. Si la thématique est importante (ex.: un projet de loi sur la confessionnalité des écoles), ils s'intéresseront à votre position sur le sujet.

## Donnez-leur de la nouvelle nationale

Ils s'intéressent à l'information nationale. Comment alors donner un intérêt national à votre nouvelle?

### • En étant un interlocuteur national ou important

Les médias nationaux rapportent la moindre déclaration d'un ministre parce qu'il est un interlocuteur national. Même si votre groupe est très petit (ex.: une garderie), il peut se hisser au niveau d'interlocuteur national s'il fait passer son message par un regroupement national (ex.: un communiqué signé par le regroupement national des garderies) ou par un porte-parole prestigieux (ex.: une conférence de presse ayant comme conférencière invitée la vedette d'une émission pour enfants).

Les groupes doivent se défaire de cette pudeur qui les empêche de s'allier des personnalités publiques pour leurs relations de presse. Certaines vedettes du monde culturel, sportif, syndical et autre seront très heureuses de se faire le porte-voix de votre cause.

## • En mettant en cause des instances nationales ou très importantes

Les médias nationaux s'intéresseront à votre nouvelle si votre association de camionneurs en vrac dénonce l'incurie du ministère du Transport, si votre comité d'école affronte une multinationale, etc.

## • En évoquant des conséquences d'ordre national

Les médias nationaux s'intéressent à la pollution causée par une mine d'Abitibi parce que cette pollution s'attaque à tout le Québec. De la même façon, ils s'intéresseront à la nouvelle d'un groupe environnemental si celui-ci évoque les dangers que fait peser l'emploi d'un herbicide, car c'est toute la population du Québec qui est concernée.

## Donnez-leur de la nouvelle locale ou régionale intéressante

Quelle nouvelle locale ou régionale peut présenter un intérêt pour ces médias?

### Une nouvelle importante en soi

*Exemple:*

Les gens d'une région bloquent une route provinciale pour protester contre la fermeture sans préavis d'une usine de bois de sciage.

**Une nouvelle spectaculaire** sur une action à grand déploiement, un événement de grande envergure.

*Exemple:*

Les grandes attractions culturelles ou sportives qui ont lieu à Chicoutimi, Matane ou Hauterive.

**Une nouvelle dramatique** qui met en lumière une situation où la vie, la santé ou la sécurité des gens est menacée.

*Exemple:*

Faute de budget, les routes d'une petite localité isolée ne sont pas entretenues durant l'hiver, ce qui entraîne des conséquences graves.

**Une nouvelle insolite** qui illustre un phénomène inusité, rare, hors de l'ordinaire.

*Exemple:*

Des représentants de différentes religions expliquent leur philosophie religieuse aux enfants d'une école primaire dans le cadre des cours d'enseignement religieux et moral.

## Leur réserver une nouvelle exclusive ?

Vous pouvez réserver une nouvelle à un seul média qui la traitera en exclusivité et espérer qu'ensuite, elle fasse boule de neige, c'est-à-dire que d'autres médias s'intéressent à votre nouvelle et décident de la traiter. Mais attention! N'abusez pas de cette pratique qui pourrait être confondue avec le favoritisme et vous mettre les autres médias à dos. Donnez l'exclusivité sur un dossier de fond, mais soyez très circonspect s'il s'agit d'une nouvelle d'actualité.

# LES MÉDIAS RÉGIONAUX

## LEURS PRINCIPALES CARACTÉRISTIQUES

### Ils sont faciles d'accès

Leur équipe de journalistes est réduite et elle est habituellement dirigée par une seule personne qui cumule plusieurs fonctions. Dans la salle de nouvelles d'un réseau régional de radio-télé, l'équipe se résume généralement à un directeur de l'information et à une dizaine de journalistes tout au plus. Même chose pour un hebdomadaire régional où le rédacteur en chef assume aussi les fonctions de directeur de l'information et de chef de pupitre.

Les journalistes des médias régionaux n'ont pas de spécialisation. Très souvent, ils en sont à leurs débuts et visent une carrière nationale.

### Ils recherchent la nouvelle

Bien des médias régionaux ne sont abonnés ni aux agences de presse ni à l'agence de diffusion Telbec. Pour s'alimenter en nouvelles, ils ne peuvent compter que sur les communiqués et sur les sujets de nouvelles qu'ils dénicheront eux-mêmes ou ceux que vous porterez à leur attention. L'actualité régionale ne leur fournit pas toujours le matériel nécessaire pour remplir l'espace/temps dont ils disposent. Un hebdo régional a parfois autant de pages à remplir qu'un quotidien national. Les médias régionaux sont donc à la recherche de nouvelles.

## Ils font de l'information régionale

Leur rôle est d'informer les gens sur ce qui se passe dans leur région. Ils privilégient donc la nouvelle régionale, mais s'intéressent aussi à la nouvelle locale.

# VOTRE STRATÉGIE

## Développez des contacts

Le milieu étant restreint et les journalistes peu nombreux, les rapports avec les médias régionaux sont plus personnalisés avec les avantages et les inconvénients que cela entraîne.

L'important est de développer une relation priviligiée avec une ou deux personnes de chacun de ces médias. Établissez un premier contact avec la personne que vous estimez la plus sensible à vos préoccupations, que ce soit un journaliste ou son directeur. Si ce premier contact est fructueux, entretenez cette relation en envoyant vos communiqués et invitations à cette même personne.

## Alimentez-les en nouvelles

Communiqués, conférences de presse, suggestions de reportages, etc., les médias régionaux ne resteront pas insensibles à vos initiatives: ils ont besoin de nouvelles.

Les médias régionaux vont s'intéresser à vos activités, vos problèmes et vos revendications, même si parfois votre information n'a qu'un lien ténu avec l'actualité du moment.

## Donnez-leur de la nouvelle régionale et locale

Ils diffuseront votre nouvelle si elle présente un intérêt régional.

*Exemple:*
La réaction de votre association à une décision récente du Conseil régional des loisirs.

Une nouvelle locale doit avoir une certaine importance au sein même de la communauté locale pour être diffusée dans un média régional.

*Exemple:*
Le souper-bénéfice annuel d'un club de l'Âge d'or peut faire la nouvelle d'un hebdomadaire régional, mais pas le bingo dominical d'un cercle local de fermières.

# LES MÉDIAS LOCAUX

Les médias locaux, ce sont principalement des journaux hebdomadaires. D'apparence modeste, ces journaux ont toutefois un impact important, car ils sont lus fidèlement par les gens auxquels ils s'adressent.

## LEURS PRINCIPALES CARACTÉRISTIQUES

### Ils sont faciles d'accès

L'hebdo local repose sur une équipe réduite au minimum: quelques personnes qui cumulent un grand nombre de tâches.

À la salle de rédaction, il n'y a généralement que deux ou trois personnes: le directeur et un ou deux journalistes. Le directeur est un homme-orchestre qui assume la direction de l'information, des ventes, de la distribution, etc. Le ou les journalistes assument certaines responsabilités normalement imputées au chef de pupitre (choix du titre, du nombre de colonnes, de l'emplacement des articles, etc.) et parfois, il font aussi la mise en page, en tout ou en partie, du journal.

### Ils attendent la nouvelle

Les hebdos locaux ne sont abonnés à aucune agence de presse ni à Telbec. Leurs seules sources d'information, ce sont les communiqués et les sujets de nouvelle que leur soumettent des groupes comme le vôtre. Et parce qu'ils assument généra-lement la permanence à la salle de rédaction, les journalistes ne se déplacent qu'en de rares occasions: réunion du conseil municipal, grande assemblée publique, conférence de presse portant sur un sujet local important.

## Ils s'intéressent à l'information locale

Leur rôle est d'informer les gens d'une localité sur ce qui se passe dans leur milieu. Ils privilégient donc la nouvelle locale.

Les hebdos locaux ne font pas que de la nouvelle. Ils publient aussi de l'information de service, c'est-à-dire de l'information qui vise à faire connaître les ressources du milieu et à les rendre accessibles aux gens sans avoir nécessairement du nouveau à annoncer.

> *Exemple:*
> Le communiqué du comité-logement du quartier expliquant les précautions à prendre avant de signer un bail.

## VOTRE STRATÉGIE

### Adressez-vous à un journaliste

C'est le journaliste qui assume la permanence de la salle de rédaction, le directeur ayant bien d'autres chats à fouetter.

### Donnez-leur du prêt-à-publier

Leur source d'information privilégiée, c'est le communiqué de presse parce qu'il leur demande moins de travail. Un communiqué bien rédigé et bien présenté a plus de chance d'être retenu parce qu'il peut être publié sans être remanié. D'ailleurs, une grande partie du contenu des hebdos locaux est constituée de communiqués reproduits intégralement.

## Donnez-leur de l'information locale

Vous obtiendrez facilement qu'on y publie une nouvelle ou une information de service si elle est d'intérêt local.

*Exemples:*

Le communiqué d'une association locale annonçant une nouvelle activité ou un nouveau service, dévoilant sa position sur un problème local ou sur un enjeu national.

Le communiqué d'une association régionale de consommateurs invitant la population locale à une séance d'information.

# LES MÉDIAS COMPLÉMENTAIRES

Ce sont les médias suivants:

• Les médias communautaires qui s'adressent à l'ensemble d'une communauté;

• Les médias ethniques qui s'adressent à une communauté culturelle;

• Les médias spécialisés dans un domaine (sport, musique, crime, etc.) qui s'adressent aux gens particulièrement intéressés à ce sujet;

• Vos propres moyens de communication (dépliants, affiches, bulletins de liaison, etc.) qui s'adressent à une clientèle ponctuelle que vous définissez selon vos besoins du moment.

Ces médias diffusent non seulement des nouvelles, mais aussi des informations qui ne sont pas nécessairement liées à l'actualité.

Ils peuvent vous être très utiles. Ce sont parfois les seuls moyens pour atteindre un public que vous ne pourriez rejoindre autrement ou pour transmettre un certain type d'informations auquel les médias de masse ne s'intéressent pas.

## LES MÉDIAS COMMUNAUTAIRES

Ces médias s'adressent à l'ensemble d'une communauté, ils sont gérés par des représentants de cette communauté et ils n'ont d'autre but que le service à la communauté.

## LEURS PRINCIPALES CARACTÉRISTIQUES

Ce sont majoritairement des postes de radio.

Ils jouent parfois le rôle de média local ou régional lorsqu'ils sont les seuls médias desservant un secteur géographique donné (ex.: la radio communautaire de Blanc Sablon) et parfois aussi, de médias ethniques lorsqu'ils s'adressent à une communauté culturelle en particulier (ex.: la radio d'une communauté amérindienne).

Leur impact varie d'un milieu à l'autre. Lorsqu'elle joue le rôle de média ethnique ou de média local, une radio communautaire a généralement une bonne cote d'écoute et un impact important dans le milieu. Mais si elle est en compétition avec plusieurs autres médias, son influence n'est parfois que très marginale.

Ils sont faciles d'accès. Leur politique d'information vise à rendre les ondes accessibles aux membres d'une communauté et nourrit un préjugé favorable aux groupes populaires du milieu. Ils ont un mode de fonctionnement très souple, des moyens restreints et des sources d'information limitées.

## VOTRE STRATÉGIE

Vous y obtiendrez aisément la diffusion de vos communiqués ainsi que des entrevues, des chroniques et des reportages. C'est là un avantage non négligeable particulièrement pour les groupes qui ne parviennent pas à se bâtir une crédibilité auprès des médias de masse et n'y ont pas accès.

Ces médias ne s'intéressent pas qu'à l'actualité. Ils visent également à faire connaître les ressources du milieu et à les rendre accessibles. Vous avez donc là une excellente tribune pour faire la promotion de votre groupe et de votre cause, pour faire l'éducation du public sur un sujet, pour donner de l'information détaillée sur vos activités et services.

Ils sont sensibles aux suggestions du milieu. Alors, proposez-leur des dossiers à traiter, une série d'émissions sur un sujet particulier, etc.

Vous pouvez participer à titre individuel ou comme représentant d'un groupe à la gestion d'une radio communautaire, que ce soit au sein de son conseil d'administration ou d'un de ses nombreux comités de gestion (programmation, publicité, etc.).

C'est l'endroit idéal pour vous initier à la communication radiophonique. Ces médias sont constamment à la recherche de bénévoles pour faire l'animation de certaines émissions, pour monter des dossiers, etc.

## LES MÉDIAS ETHNIQUES

Ces médias s'adressent exclusivement à une communauté culturelle (ex.: communauté juive, grecque, chinoise).

## LEURS PRINCIPALES CARACTÉRISTIQUES

Ce sont généralement des journaux.

On les retrouve principalement dans la région montréalaise.

Ce sont les médias qui y ont le plus grand impact dans ces communautés, particulièrement auprès des immigrants de première et deuxième générations.

L'accès à la presse ethnique n'est cependant pas toujours facile aux groupes qui ne font pas partie d'une communauté culturelle. Et il est parfois difficile de s'y retrouver quand plusieurs journaux de différentes allégeances politiques, religieuses ou ethniques desservent une même communauté culturelle.

## VOTRE STRATÉGIE

Utilisez-les, car c'est parfois le seul moyen à votre disposition pour rejoindre une communauté culturelle.

Pour y être publiée, votre information doit présenter un intérêt certain pour les membres de cette communauté.

Certains exigeront que vos communications soient rédigées dans la langue en usage dans la communauté.

## LES MÉDIAS SPÉCIALISÉS

Ces médias se spécialisent dans un domaine donné (ex.: la vie artistique, le vélo, la santé) et s'adressent aux gens qui s'intéressent à ce sujet.

## LEURS PRINCIPALES CARACTÉRISTIQUES

Ce sont des médias écrits qui ont chacun leur propre rythme de parution: hebdos, mensuels, revues trimestrielles ou annuelles.

Ils sont distribués sur tout le territoire national.

## VOTRE STRATÉGIE

Les groupes négligent généralement de tirer profit de ces médias qui ne sont pourtant pas inaccessibles. Ils accepteront de publier votre information si elle est reliée à leur spécialisation.

*Exemple:*

Une revue spécialisée en éducation peut accepter de faire un reportage sur une initiative originale d'un comité d'école, d'un syndicat de professeurs, d'une association étudiante.

Ce sont des tribunes privilégiées pour faire la promotion de vos services et activités auprès d'un public qui ne demande qu'à les connaître.

*Exemple:*

Les lecteurs d'une revue sur le plein air seront intéressés à connaître le circuit de ski de fond sauvage organisé par un groupe de fondeurs.

# LES MÉDIAS AUTONOMES

Ce sont des moyens de communication créés par une association, un organisme ou une institution pour répondre à des besoins particuliers.

## LEURS PRINCIPALES CARACTÉRISTIQUES

Ce sont des médias écrits: affiches, dépliants, brochures, circulaires, bulletins de liaison, petits journaux. Les groupes qui disposent d'un budget important peuvent cependant se permettre des moyens audio-visuels: vidéo et diaporama.

Ils sont sous le contrôle absolu de ceux qui les créent. Le contenu, la forme, le mode de distribution de ces publications, tout cela est décidé par le groupe qui les produit.

## VOTRE STRATÉGIE

Quand créer vos propres moyens de communication?

Lorsque vous avez besoin d'un outil de communication interne.

*Exemple:*
Un bulletin de liaison pour informer régulièrement les membres de votre association.

Lorsque les médias existants ne peuvent répondre à vos besoins, soit qu'aucun d'entre eux ne s'adresse à votre public cible, soit qu'ils ne s'intéressent pas à votre message ou qu'ils ne peuvent le transmettre au moment opportun.

*Exemple:*
La brochure pour livrer beaucoup d'informations sur l'allaitement maternel ou la ménopause, ce type d'information étant trop technique pour intéresser les médias de masse.

Lorsqu'il vous faut un outil d'appoint pour rappeler un message déjà véhiculé par un autre média.

*Exemple:*
L'affiche pour rappeler une importante réunion ou une fête champêtre déjà annoncée dans les médias locaux.

Comment produire vos propres moyens de communication? Consultez le chapitre «Vos propres moyens de communication».

Vous pouvez également vous servir des médias autonomes des autres groupes.

*Exemples:*
Votre association a besoin de bénévoles? Lancez un appel dans les feuillets paroissiaux. Le feuillet paroissial est le média autonome de la fabrique d'une paroisse.

C'est un dépliant qui contient des informations liturgiques et (sauf à Montréal) des informations sur les services et activités qu'offrent différents groupes aux gens de la paroisse.

Votre message s'adresse aux personnes âgées? Confiez-le au bulletin de la Fédération de l'Âge d'or.

## LES MÉDIAS ÉCRITS

Leur rôle est d'informer le public. Leur contenu est strictement informationnel. L'information n'occupe cependant que l'espace laissé disponible par la publicité, laquelle accapare généralement soixante pour cent des pages d'un journal. Cette information est présentée sous différentes rubriques: nouvelles, reportages, analyses, éditoriaux, lettres des lecteurs, chroniques, cahiers spécialisés (sport, économie, culture, etc.).

Leur contenu influence celui des médias électroniques. C'est bien connu, les journalistes de la presse électronique sont les plus fidèles lecteurs de la presse écrite. Et c'est là que, bien souvent, ils puisent les sujets qu'ils traiteront dans leurs médias respectifs. Les "morningman" font également écho aux journaux en reprenant les manchettes dans leurs émissions radiophoniques. Et c'est ainsi que les nouvelles des journaux bénéficient d'une deuxième vie dans les médias électroniques.

Les journaux favorisent la réflexion, car les lecteurs doivent prendre le temps de lire les nouvelles. Les journalistes de la presse écrite ont plus de disponibilité que leurs confrères des médias électroniques pour fouiller un dossier, faire enquête, analyser un sujet.

*Les journaux sont les médias à privilégier pour un dossier complexe, pour un sujet qui gagne à être documenté.*

## LES MÉDIAS ÉLECTRONIQUES

Leur rôle est d'informer et de divertir leur public. Ils produisent des émissions d'information et de divertissement. Parfois la ligne de démarcation est très ténue entre ces deux types d'émission: on cherche à divertir tout en informant et inversement.

Ils produisent des bulletins de nouvelles et des émissions d'affaires publiques. Dans les grands réseaux nationaux, ces deux types d'émission relèvent d'entités administratives différentes: le service de l'information a la responsabilité des bulletins de nouvelles et le service des affaires publiques se charge des émissions d'affaires publiques.

En plus des qualités déjà mentionnées, une nouvelle doit être concise, précise et dynamique pour être diffusée dans un bulletin d'information. Le temps est compté dans les médias électroniques; ils ont besoin de formules directes qui rendent compte rapidement d'un événement.

Les émissions d'affaires publiques prennent différentes formes selon les médias: débats, lignes ouvertes, émissions spécialisées (religion, consommation, économie, culture, etc.), magazines d'actualité. Vous pouvez participer à l'une de ces émissions à titre d'invité, leur suggérer d'inviter un spécialiste sympathique à votre cause ou leur proposer un sujet à traiter.

## La radio

La radio est omniprésente: on l'entend à la maison, au travail, dans l'auto, partout. Elle s'adresse cependant à des gens distraits qui ont d'autres occupations.

La radio diffuse régulièrement des bulletins de nouvelles au cours de la journée. Elle a donc un grand besoin de nouvelles récentes, lesquelles doivent être continuellement rafraîchies.

C'est un média très souple qui peut réagir rapidement à n'importe quelle situation et diffuser un reportage en direct d'un journaliste dépêché sur les lieux d'un événement.

*La radio est le média à privilégier lorsque vous avez besoin d'une intervention urgente.*

## La télévision

On n'est jamais très loin du spectacle en télévision. Il est difficile d'obtenir un reportage télévisé si on n'a pas d'images attrayantes à offrir.

La télévision est le média d'information qui a le plus large public. On estime, en effet, que soixante-dix pour cent des gens s'informent sur l'actualité exclusivement à partir des bulletins télévisés.

*La télévision est le média à privilégier si vous recherchez un impact important auprès de l'opinion publique.*

# LES AGENCES DE PRESSE

Elles produisent des nouvelles à l'intention des médias abonnés à leurs services. Ceux-ci reçoivent les dépêches des agences sur téléscripteur, choisissent celles qui leur conviennent, les remanient ou les reproduisent intégralement.

Elles ont leurs propres journalistes qui recueillent et traitent l'information conformément à la politique de leur agence.

Il ne faut cependant pas confondre les agences de presse avec l'agence de diffusion Telbec qui ne produit pas de nouvelles mais retransmet à ses abonnés les communiqués et autres avis officiels qu'on lui confie.

Pourquoi recourir à une agence de presse? Parce qu'elle transmet votre nouvelle à un grand nombre de médias et parce que votre nouvelle acquiert ainsi une crédibilité additionnelle auprès des médias.

## La Presse canadienne

La Presse canadienne alimente en nouvelles un très grand nombre de médias canadiens, autant francophones qu'anglophones, aussi bien écrits qu'électroniques.

Pour intéresser la Presse canadienne, votre nouvelle doit être d'intérêt national, au sens canadien ou québécois du terme. Vous vous adressez au bureau de l'agence (245, Saint-Jacques Ouest, Montréal, 849-8023) ou à l'un de ses correspondants, s'il s'en trouve dans votre région.

Cette agence a une section radiophonique, le réseau NTR (Nouvelles Télé-Radio), qui produit des bulletins de nouvelles à l'intention des stations radiophoniques québécoises abonnées à ses services.

Pour être transmise par le réseau NTR, votre nouvelle doit être d'intérêt national, au sens québécois, ou d'intérêt inter-régional, c'est-à-dire intéresser une autre région que la vôtre. Vous vous adressez au bureau de NTR (245, Saint-Jacques Ouest, Montréal, 849-8008) ou à l'une des 65 stations radiophoniques québécoises abonnées au réseau.

## Les agences internationales

Les agences internationales de presse transmettent de l'information aux médias du monde entier. Parmi les plus importantes, citons celles-ci: Associated Press (AP), United Press International (UPI), Agence France-Presse (AFP), Reuter, Telegrafnoie Agentstvo Sovietskovo Soiuza (TASS).

Si vous avez une nouvelle d'intérêt international, vous l'expédiez à l'une de ces agences. Quand elles n'ont pas de bureau à Montréal ou Toronto, les grandes agences internationales ont des correspondants, lesquels sont généralement des journalistes à l'emploi des médias nationaux ou de la Presse canadienne.

## LA PROBLÉMATIQUE DES GROUPES MONTRÉALAIS

Les groupes montréalais font face à une problématique particulière: ils vivent dans un monde de surinformation, l'accès aux médias nationaux leur est moins difficile, ils n'ont pas de média régional à leur disposition, mais sont bien desservis par les hebdomadaires locaux.

### Un monde de surinformation

C'est la jungle. De nombreux médias cohabitent sur le territoire montréalais, les gens sont submergés d'informations de toutes sortes, les groupes ne savent quel média choisir pour rejoindre un public insaisissable.

Il en résulte une situation hautement compétitive: compétition entre les médias pour obtenir la primeur d'une nouvelle; compétition entre les groupes qui se bousculent aux portes des médias; compétition entre les nouvelles qui se disputent l'attention des Montréalais.

La nécessité d'un plan d'intervention y est plus impérieuse pour choisir le ou les médias qui transmettront efficacement votre message au public que vous visez.

### Les médias nationaux: plus faciles d'accès

Une nouvelle montréalaise peut être considérée d'intérêt national parce qu'elle concerne un vaste bassin de population. C'est ainsi, par exemple, que les médias nationaux font des reportages sur les sans abri même s'il s'agit d'un problème typiquement montréalais.

Le contact avec les médias nationaux est plus facile à cause de la proximité physique. Ces médias ont leur siège social à Montréal; les groupes peuvent plus facilement créer et entretenir des contacts avec les journalistes et les recherchistes de ces médias.

## Les médias régionaux: inexistants

Il n'existe aucun média s'adressant, de façon exclusive, à l'ensemble de la population montréalaise.

Les groupes qui veulent rejoindre ce public ont toutefois deux outils à leur disposition: les blocs montréalais des bulletins de nouvelles des médias électroniques nationaux et les hebdos locaux.

### Les blocs montréalais des bulletins de nouvelles des médias électroniques nationaux

Vous visez ces blocs de nouvelles, mais c'est la direction des médias qui décide finalement si votre information sera diffusée dans le bloc montréalais ou le bloc national d'un bulletin de nouvelles selon des critères de sélection qu'il est bien difficile d'identifier.

Les radios privées ont une préoccupation montréalaise plus marquée et sont ainsi plus accessibles aux groupes montréalais. La compétition est très vive entre ces médias. Plus que tout autre, ils recherchent la primeur d'une nouvelle.

Vous êtes vous-même en compétition avec de nombreux autres groupes qui visent le même objectif. Un média peut recevoir cinq fois plus d'informations qu'il ne lui en faut pour son bloc de nouvelles montréalaises.

### Les hebdos locaux

Vous devez faire la tournée des nombreux hebdos locaux de Montréal qui, eux, ont des préoccupations vraiment locales.

## Les hebdos locaux: très importants

Les hebdos locaux s'adressent à la population d'un secteur montréalais (Verdun, Laval, etc.) et publient uniquement des informations d'intérêt local.

*Exemple:*

Un syndicat local peut y obtenir la publication d'un communiqué sur l'évolution d'une grève dans le secteur, mais la direction nationale de ce syndicat devra justifier l'intérêt local de son communiqué pour qu'il soit accepté.

Ces médias sont importants: ils sont lus fidèlement par le public auquel ils s'adressent; faire la une d'un de ces journaux a un grand impact dans le milieu; leurs nouvelles sont parfois reprises par les journalistes des médias nationaux qui lisent assidûment leur hebdo local.

Ce sont des journaux à distribution gratuite. La publicité y accapare la part du lion, laissant un espace plutôt restreint au contenu rédactionnel.

# LA PROBLÉMATIQUE DES GROUPES EN RÉGION

En région, les groupes sont généralement bien servis par les médias locaux et régionaux, mais l'accès aux médias nationaux leur est très difficile.

## Les médias régionaux et locaux: un bon service

Ces médias donnent généralement une bonne couverture et une bonne visibilité aux groupes. C'est ainsi qu'une grève dans une entreprise locale impliquant seulement 25 employés sera suivie au jour le jour par un média régional alors qu'une grève de 200 employés risque de passer inaperçue à Montréal.

## Les médias nationaux: très difficiles d'accès

N'abdiquez pas devant les difficultés, car une couverture nationale peut réussir là où tous les autres moyens d'intervention ont échoué.

> *Exemple:*
> Deux courtes entrevues à la télévision nationale ont suffi pour que le gouvernement dépêche un haut fonctionnaire dans une petite ville abitibienne et règle le problème d'une dizaine de familles privées d'eau courante pendant un an malgré leurs interventions auprès des autorités et des médias locaux et régionaux.

## Quand?

À cause des efforts qu'elle vous demandera, ne recherchez une couverture nationale que lorsqu'elle est vraiment nécessaire.

- Pour obtenir la solution d'un problème lorsque vous avez besoin de l'intervention d'une autorité nationale ou lorsque toutes vos interventions auprès des autorités et des médias locaux et régionaux n'ont donné aucun résultat.
- Pour donner du prestige à un événement et obtenir ainsi la participation de commanditaires importants, de personnalités de marque et du grand public. Généralement, les promoteurs d'événements sportifs et culturels obtiennent plus facilement une couverture nationale que les organismes communautaires oeuvrant dans le domaine social.

## Comment?

Il n'y a pas de recette miracle. Pour chaque intervention, il vous faudra inventer une stratégie originale.

Le contact personnel est toutefois la meilleure approche. Ce n'est pas une institution (un média national), mais une personne (un journaliste d'un de ces médias) que vous devez contacter pour le convaincre de l'intérêt de votre nouvelle.

***Le contact direct*** Vous tentez vous-même d'intéresser un journaliste d'un média national à votre nouvelle.

N'essayez pas de faire passer votre nouvelle dans tous les médias à la fois. Un seul suffit généralement pour obtenir l'impact espéré. Ce média sera d'autant plus intéressé à votre nouvelle que vous lui en aurez réservé l'exclusivité.

Contactez le journaliste que vous estimez le plus facile à convaincre: celui qui est spécialisé dans le domaine auquel est relié votre nouvelle, celui qui a déjà fait un reportage sur votre région, celui qui y est actuellement en reportage ou mieux encore, un ex-journaliste d'un de vos médias régionaux qui fait maintenant carrière dans un média national.

Le premier contact se fait par téléphone. Vous faites valoir l'aspect particulièrement important, dramatique, spectaculaire ou inusité de votre nouvelle. Vous lui donnez tous les renseignements nécessaires (noms, dates, chiffres, adresses, numéros de téléphone, etc.) dont il a besoin pour traiter votre information à partir de son lieu de travail. Si vous cherchez à le convaincre de se rendre en région, renseignez-le sur les lieux, les personnes, les événements intéressants pour un reportage. Après cet entretien, vous lui envoyez de la documentation écrite.

***Le contact indirect*** Vous transmettez votre nouvelle à un média national par l'intermédiaire d'une personne qui y a des contacts privilégiés.

Certaines personnes de votre région entretiennent plus ou moins régulièrement des relations avec des journalistes des médias nationaux. Elles ont une crédibilité qui peut vous ouvrir les portes d'un média national et y faire passer votre nouvelle plus sûrement que si vous procédiez seul.

Qui sont ces personnes?

1) Les journalistes des médias régionaux. Tout particulièrement, les journalistes des médias affiliés à un réseau national (Télémédia, Radio-Mutuel, Radio-Canada) ou abonnés à la Presse canadienne;

2) des journalistes pigistes ou des correspondants des médias nationaux en région;

3) les têtes d'affiche régionale, c'est-à-dire les personnalités publiques dont la renommée dépasse les frontières de votre région.

Il vous faut vendre votre nouvelle à ces personnes exactement comme si vous aviez affaire à un journaliste des médias nationaux. Faites valoir l'importance de votre nouvelle; ces personnes n'accepteront de mettre leur crédibilité en cause que si elles estiment que votre nouvelle en vaut la peine. Donnez-leur toutes les informations nécessaires pour qu'elles puissent répondre aux questions des journalistes.

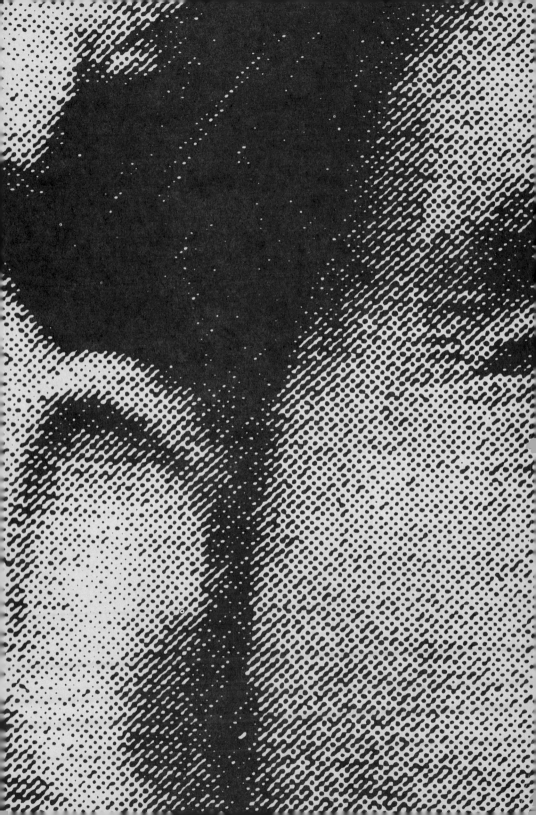

# CHAPITRE 4

# LES TECHNIQUES D'INTERVENTION

L es techniques d'intervention sont les différents moyens à votre disposition pour transmettre votre message aux médias.

Chaque technique a ses avantages et désavantages, son utilité particulière et son mode d'emploi.

Quand recourir à l'une ou l'autre de ces techniques? Comment l'utiliser? C'est ce que vous découvrirez à la lecture de ce chapitre.

### Les techniques d'intervention classiques

Le communiqué de presse et ses variantes:
- la photo avec bas de vignette;
- le communiqué d'intérêt communautaire.

La conférence de presse et ses variantes:
- la conférence de presse à Montréal;
- la conférence de presse hors région;
- la conférence de presse téléphonique.

### Les techniques journalistiques

L'entrevue et ses variantes:
- la participation à un débat;
- la participation à une tribune téléphonique.

Le reportage et ses variantes:
- les suggestions aux recherchistes;
- la convocation des photographes de presse.

### Les autres techniques

- La rencontre de presse
- La chronique régulière
- La lettre des lecteurs
- Le message publicitaire.

# LE COMMUNIQUÉ DE PRESSE

Le communiqué est la technique de base pour intervenir dans les médias. C'est un texte au moyen duquel on communique une nouvelle d'intérêt public aux médias d'information.

## Avantages

• C'est le moyen le plus expéditif pour accéder aux médias, celui qui vous demandera le moins de temps et de travail.

• Le communiqué vous permet de rejoindre simultanément un très grand nombre de médias.

## Désavantages

• Votre communiqué est en compétition avec de multiples autres. S'il ne réussit pas à convaincre les médias de l'importance de votre message, il risque de passer inaperçu ou de ne pas paraître du tout dans les bulletins de nouvelles ou les journaux.

• Vous n'avez aucun contrôle sur l'usage qu'on en fera. Il peut être diffusé intégralement, remanié, rejeté ou servir d'amorce à un reportage ultérieur.

# QUAND?

Votre communiqué doit constituer une nouvelle, donc apporter du nouveau à l'actualité ou un élément nouveau à du déjà connu. La réaction à un événement justifie tout autant le recours au communiqué de presse que l'annonce d'un événement.

*Exemple:*
Une association de propriétaires annonce par communiqué son intention de dresser une liste noire des locataires et un regroupement de locataires réagit à cet événement par un communiqué dénonçant la décision des propriétaires.

Traitez d'un seul sujet par communiqué. Un communiqué est forcément court et s'il lui faut traiter de plusieurs sujets à la fois, aucun n'aura un traitement convenable dans votre texte ni l'impact escompté dans les médias. Profitez plutôt de ce que vous avez plusieurs sujets de nouvelle pour occuper l'actualité à différentes reprises.

*Exemple:*
À la suite de son assemblée générale, une association de parents d'enfants handicapés émet un communiqué annonçant l'élection de sa nouvelle présidente, déplorant la situation faite aux enfants handicapés en milieu scolaire et demandant le soutien du public à la prochaine campagne de financement de l'association. Laquelle de ces nouvelles sera retenue par le chef de pupitre pour diffusion dans le bulletin de nouvelles? Et si, par bonheur, le communiqué est publié intégralement dans les journaux, laquelle réussira à retenir l'attention des lecteurs?

N'abusez pas des communiqués cependant. N'espérez pas obtenir l'attention des médias sur un sujet en les inondant de communiqués. Au contraire, vous noierez votre sujet dans un flot de nouvelles sans importance et vous ennuierez les journalistes qui, à la longue, en viendront à ne plus s'intéresser à vos communiqués. L'envoi de plusieurs communiqués sur un même sujet ne se justifie que dans le cas d'un suivi d'activités.

*Exemple:*

Dans un premier communiqué, vous annoncez la tenue d'un carnaval. Au cours des semaines suivantes, vous émettez différents communiqués chacun ayant une nouveauté à annoncer: une attraction spéciale, la participation d'une personnalité prestigieuse, le calendrier des activités, etc. Après le carnaval, un dernier communiqué fait le bilan de l'événement.

# COMMENT?

Les médias reçoivent une quantité phénoménale de communiqués. Et dans chaque cas, ils ont à décider s'ils reproduisent le communiqué intégralement, s'ils le remanient (changer des phrases, enlever un paragraphe, le refaire complètement) ou... s'ils le jettent au panier.

Votre communiqué s'adresse à des gens pressés (directeurs de l'information, chefs de pupitre, journalistes). Vous devez tout mettre en oeuvre pour qu'ils saisissent rapidement l'intérêt de votre message.

## La rédaction

Un communiqué bien rédigé est la meilleure protection contre le panier des journalistes et la meilleure garantie contre les mauvaises interprétations qu'ils pourraient faire en le remaniant.

*Le contenu*  Il doit être compris à la première lecture; faites un texte court, clair et complet. Présentez des informations exactes; appuyez vos opinions sur des faits; évitez le moralisme larmoyant.

*L'écriture*  C'est un document officiel: adoptez un style impersonnel (3e personne du singulier ou du pluriel).

Employez un langage simple et accessible: évitez le jargon interne et les termes techniques.

Autres détails qui ont leur importance: les noms des lieux et des personnes bien orthographiés; les heures indiquées selon le code international (15:30 au lieu de 3:30 pm); les sigles... le moins possible. S'il vous faut absolument recourir à des sigles, présentez leur signification complète la première fois que vous devez les citer ("[...] dans la décision récente du Conseil régional de la santé et des services sociaux (CRSSS), il est apparu [...]"). Par contre, utilisez le sigle quand il est plus connu du public que le nom complet d'un organisme (ex.: CLSC au lieu de Centre local de services communautaires).

*La structure*  Commencez par l'essentiel, pour finir par les détails secondaires, le tout par ordre d'intérêt décroissant. Cette façon de procéder, très populaire auprès des journalistes, se nomme «pyramide inversée». La base de l'information se trouve dans le haut de l'article. Les autres paragraphes suivent par ordre d'importance décroissante.

La formule de la pyramide inversée a l'avantage d'amener immédiatement le lecteur au coeur du sujet. S'il ne poursuit pas la lecture du communiqué, tout au moins aura-t-il pris connaissance des éléments importants de votre message.

Cette formule facilite la tâche des médias. S'il leur faut remanier ou écourter votre communiqué, ils n'ont qu'à supprimer les derniers paragraphes sans craindre d'omettre des informations importantes ou de fausser le sens du texte.

**Le préambule** Mieux connu sous le nom de «lead», le préambule est le premier paragraphe d'un communiqué. Il livre l'essentiel de votre message. C'est le paragraphe d'attaque du communiqué, celui qui doit capter l'attention du journaliste et l'inciter à poursuivre la lecture du communiqué. Soignez-le bien. Un préambule bien rédigé a d'ailleurs toutes les chances d'être diffusé intégralement dans les médias, tout particulièrement par les stations de radio qui diffusent des brefs bulletins de nouvelles à intervalles réguliers au cours de la journée.

Le préambule doit être court, précis, épuré de tout détail inutile.

Le préambule, façon classique, contient l'essentiel d'un message. Il répond aux questions fondamentales (qui? quoi? quand? où? comment? pourquoi?) tout en faisant ressortir l'élément le plus intéressant ou le plus frappant d'un message.

*Exemple:*

Au gel des subventions aux garderies, le conseil d'administration de la garderie La Gaminerie de Ville-Sans-Nom répond par la désobéissance civile en décidant de ne plus percevoir les retenues d'impôts de ses employés à partir du premier novembre.

Un communiqué peut commencer par une citation si elle est courte et lumineuse et si elle est suivie d'un vrai préambule dans le deuxième paragraphe.

*Exemple:*

Premier paragraphe: «Le gouvernement ne nous laisse pas d'autre choix que la désobéissance civile», a déclaré Marie Anonyme, présidente du conseil d'administration de la garderie La Gaminerie de Ville-Sans-Nom.

Deuxième paragraphe: C'est ainsi que Madame Anonyme a expliqué que, en guise de protestation contre le gel des subventions aux garderies, son conseil d'administration a décidé de ne plus percevoir les retenues d'impôts de ses employés à partir du premier novembre.

On peut également poser une question au début d'un communiqué à condition que cette question soit précédée d'un titre affirmatif et suivie d'un vrai préambule dans le deuxième paragraphe.

*Exemple:*

Titre: *La gaminerie dénonce le gel des subventions aux garderies*

Premier paragraphe: Faudra-t-il se rendre jusqu'à la désobéissance civile pour amener le gouvernement à donner justice aux garderies?

Deuxième paragraphe: C'est la question que se pose le conseil d'administration de la garderie La Gaminerie de Ville-Sans-Nom qui étudie la possibilité de ne plus percevoir les retenues d'impôt de ses employés à partir du premier novembre en guise de protestation contre le gel des subventions aux garderies.

**Le titre** Il sert à identifier le sujet de votre communiqué, à le différencier de tous les autres communiqués et, surtout, à attirer l'attention des journalistes (c'est la première chose qu'ils lisent).

**REGROUPEMENT DES FEMMES DE LA BASSE-RÉGION**

# COMMUNIQUÉ
### Pour diffusion immédiate

## UN MINIBUS ENQUÊTE SUR LA SANTÉ DES FEMMES

(Ville-sans-nom, 29 août, 1990)-Le Regroupement des femmes de la Basse-Région entreprend une vaste campagne de consultation sur la santé des femmes.

Du 3 au 31 septembre, deux permanentes du Regroupement sillonneront les routes de la Basse-Région au volant d'un minibus pour rencontrer les femmes de chaque municipalité et recueillir ainsi l'opinion qu'elles ont de leur état de santé ainsi que des services médicaux qui leur sont accessibles.

La tournée de consultation.....................................................................
(2e paragraphe)....................................................................................
du colloque national.

...2

Les rapports des groupes .....................................................................
(paragraphe) ........................................................................................
L'objectif de.................................................................... réflexion permanente.
les problèmes soulevés. (paragraphe)...................................................
Les informations obtenues au cours ................... (dernier paragraphe)
................... pour l'amélioration de la situation".

-30-

Source:
Sylvie Anonyme, agente de presse
Regroupement des femmes de la Basse-Région
375, rue des Anonymes, Ville-sans-nom, (Québec), K3S 2X8
714-2864

Un bon titre a trois qualités: brièveté, moins de dix mots; efficacité, il résume l'idée globale du communiqué; impact, il doit être accrocheur sans toutefois donner prise à la moquerie.

Votre titre ne sera probablement pas reproduit intégralement par les médias. Les médias électroniques ne donnent pas de titre à leurs nouvelles. Les journaux ne voudront pas d'un titre identique à celui qui coiffera votre nouvelle dans les autres journaux.

**Les phrases**   Faites des phrases courtes et simples: une seule information par phrase, une structure grammaticale classique (sujet, verbe, complément).

**Les paragraphes**   Développez une seule idée principale par paragraphe. Chacun doit être complet et autonome par rapport à celui qui le précède et celui qui le suit. Cela facilite la compréhension rapide du texte et le travail des journalistes qui remanient votre communiqué. Ne séparez pas un paragraphe entre deux pages d'un communiqué.

**Les citations**   Un communiqué peut contenir une ou deux citations à condition qu'elles soient courtes, significatives et placées entre guillemets. Vous pouvez présenter vos propres paroles en citation si vous leur donnez la forme d'une déclaration rapportée par un tiers.

**La longueur**   Une à deux pages dactylographiées à double interligne.

**La traduction**   Vous n'êtes pas tenu de faire une version anglaise

de votre communiqué pour les médias anglophones quoique certains le font par courtoisie. Quant aux médias ethniques, certains d'entre eux exigeront que les communiqués soient rédigés dans la langue d'usage de leur communauté.

**La relecture**   Votre communiqué est un document officiel. Son contenu doit être approuvé par les instances décisionnelles de votre groupe avant d'être remis aux médias.

Votre texte doit être écrit dans un français impeccable. Donnez-le à lire à une personne qui détectera les erreurs qui vous auraient échappé.

## La présentation

Les règles de présentation d'un communiqué n'ont rien à voir avec l'esthétique ou les formules de politesse. C'est tout simplement une autre façon de donner des renseignements aux journalistes.

Soignez la présentation de votre communiqué, car elle témoigne du sérieux et du professionnalisme de votre groupe.

**Le papier**   Utilisez votre papier à en-tête ou du papier non ligné de format 22 cm × 28 cm. Cette dimension facilite l'insertion de votre communiqué dans les pochettes de presse et sa conservation dans les archives des médias.

*Un truc:*
Si vous voulez que les journalistes remarquent votre communiqué parmi toute la paperasse qui encombre leurs bureaux, rédigez-le sur du papier couleur, sur un papier fort, sur n'im-

porte quel papier non conventionnel qui respecte cependant le format standard.

***La dactylographie*** Ajustez votre machine à écrire ou votre traitement de texte à double interligne et à 65 frappes par ligne. Espacez les paragraphes d'un interligne.

***Votre identification*** En haut de page, à gauche, inscrivez le nom de votre groupe si vous n'avez pas de papier à en-tête.

***L'identification du texte*** Toujours en haut de page, mais un peu plus bas et à droite, inscrivez COMMUNIQUÉ DE PRESSE en majuscules pour bien identifier le texte.

***Les indications de publication*** Indiquez à partir de quel moment vous autorisez la diffusion de votre communiqué: «Pour publication immédiate» ou «Embargo jusqu'à telle heure et telle date».

***Le titre*** Le titre au long est en majuscules.

***La provenance*** Au début du premier paragraphe, inscrivez le nom de la ville d'où est émis le communiqué et la date de son émission. Sans cette dernière information, le communiqué n'a aucune valeur pour le journaliste qui ne sait pas s'il est récent ou s'il traîne depuis une semaine sur sa table de travail.

***La pagination*** Au bas de chaque page, inscrivez le numéro de la page suivante pour indiquer aux journalistes que le texte se poursuit sur une autre page.

***Le code de fin de texte*** Inscrivez la mention «-30-» au centre de la ligne qui suit la fin du texte. Il s'agit d'un code journalistique indiquant la fin du texte d'un communiqué. Si, pour une quelconque raison, vous désirez ajouter des informations après ce code, il sera alors entendu pour tout le monde qu'elles ne sont pas pour diffusion.

***La source*** Au bas de la dernière page, écrivez le nom et l'adresse de votre groupe ainsi que le nom et le numéro de téléphone de votre agent de presse. Ce sont des renseignements indispensables aux journalistes, d'une part pour identifier l'auteur du communiqué et, d'autre part, pour rejoindre cette personne s'ils ont besoin d'informations complémentaires ou d'une entrevue en bonne et due forme.

Assurez-vous que cette personne peut être rejointe au numéro de téléphone indiqué jusqu'à l'heure de tombée des médias et qu'elle est capable de répondre aux questions des journalistes et de fournir une entrevue convenable. Sinon, changez le nom de votre informateur, même s'il ne s'agit pas du véritable auteur du communiqué.

Sans indication sur la source, un communiqué est dépourvu de valeur aux yeux des journalistes.

***Les documents d'accompagnement*** Au besoin, joignez une photo ou un dossier à votre communiqué. La ou les photos serviront à illustrer votre nouvelle dans les journaux. Le dossier donnera plus d'importance à votre communiqué et servira de document d'archives aux médias s'ils ont à traiter d'une nouvelle vous concernant dans le futur.

Si vous expédiez votre communiqué à de nombreux médias, il peut être très coûteux d'envoyer des documents d'accompagnement à chacun. Dans ce cas, écrivez après le code de fin de texte que tel document est disponible sur demande.

Si vous choisissez deux modes d'expédition, l'un pour le communiqué (ex.: le télécopieur) et l'autre pour les documents d'accompagnement (ex.: les services de messageries), vous devez en aviser les médias. Après le code de fin de texte, laissez une note les informant que tel document leur parviendra par tel moyen de distribution.

## L'expédition

Consultez le chapitre «Le plan d'intervention» pour choisir le moment d'expédition et les médias qui conviennent à vos besoins.

*La liste d'expédition* Inscrivez les médias choisis sur une liste d'expédition. Ainsi, vous ne risquez pas de faire des oublis et vous pourrez mieux évaluer votre intervention en comparant les médias inscrits sur votre liste avec ceux qui auront effectivement diffusé votre communiqué.

Cette liste n'est pas permanente. N'envoyez pas systématiquement vos communiqués aux mêmes médias. Il vous faut, dans chaque cas, établir une liste d'expédition qui soit adaptée à vos besoins du moment.

Votre communiqué est un avis officiel et comme tel, il doit être expédié à tous les médias de même nature sans aucune discrimination ou favoritisme.

*Exemple:*
Un communiqué d'intérêt régional doit être transmis à tous les médias régionaux. Négliger l'un d'entre eux peut nuire à vos relations de presse.

*Le moyen d'expédition* Choisissez votre mode d'expédition en considérant l'urgence du message à livrer, votre budget, le nombre et la dispersion géographique des médias à qui vous voulez transmettre votre communiqué.

• **Le main à main**: vous remettez votre communiqué en main propre au chef de pupitre, au directeur de l'information ou à un journaliste. Vous avez alors l'occasion de faire valoir l'intérêt de votre nouvelle à cette personne.

Cela demande du temps, évidemment. Ne cherchez à atteindre qu'un seul média de cette façon ou seulement quelques-uns qui soient concentrés géographiquement.

Attention! ne vous présentez pas quelques minutes avant le bulletin de nouvelles ou quelques heures avant l'heure de tombée des articles au journal: personne n'aura alors le temps de vous recevoir.

• **La poste**: ce mode d'expédition est peu coûteux, personnalisé, mais pas nécessairement rapide. Le service de poste prioritaire offert par la Société canadienne des postes, par contre, est fiable et rapide (livraison dans les 24 heures partout au Québec, jours fériés exceptés), mais beaucoup plus cher.

Le service postal permet de personnaliser un envoi, les enveloppes étant adressées nommément à telle et telle personne. Il vous permet, entre autre, de compléter de façon plus sélective un mode d'expédition impersonnel (ex: Telbec) en faisant parvenir votre communiqué aux journalistes que vous voulez intéresser plus particulièrement à votre nouvelle.

• **Les services de messageries**: ce sont des services commerciaux de distribution de courrier et de colis. Rapides mais chers, ces services ne fonctionnent qu'aux heures et jours de bureau. On n'y a recours généralement que pour l'expédition de documents d'accompagnement.

Il existe un service de messageries spécialisé pour les médias à Montréal. Ce service a cette particularité de déposer les documents aux services concernés (nouvelles, affaires publiques, information) et non simplement à la réception des médias.

• **L'autobus**: moins cher que les services de messageries, l'autobus a aussi l'avantage d'offrir un service continu pendant et après les heures de bureau. Il s'agit cependant d'un service de transport d'un terminus à un autre à moins de payer pour le service Parbus qui fait la livraison à domicile.

Ce mode d'expédition est utilisé principalement pour l'envoi de documents d'accompagnement.

• **Le télécopieur**: mieux connu sous le nom commercial de Fax, le télécopieur est un appareil qui transmet la copie d'un texte à un autre télécopieur presque instantanément et ce, pour le prix d'un appel interurbain (aucun frais, si la communication est locale).

Il est devenu très courant de transmettre des communiqués de presse par télécopieur. Les plus petits médias en région se sont mis au télécopieur et toutes les salles de nouvelles des médias nationaux ont le leur.

Rapide, fiable, peu coûteux, le télécopieur transmet directement un communiqué à l'intention d'une personne en particulier dans la salle de nouvelles d'un média. Cet envoi est généralement précédé ou suivi d'un appel téléphonique à cette personne. Sous prétexte de la prévenir de l'envoi ou de s'assurer qu'elle l'a bien reçu, vous avez alors l'occasion de mieux l'informer sur le contenu de votre communiqué.

Ce mode de distribution a cependant certaines contraintes. Il vous faut avoir accès à un télécopieur, connaître le numéro de télécopieur de vos destinataires et faire autant d'envois qu'il y a de noms sur votre liste d'expédition.

• **Telbec**: c'est une agence de diffusion électronique de l'information. Rapide et fiable, Telbec transmet simultanément votre communication à un grand nombre de médias en une seule opération.

Vous pouvez ainsi rejoindre les principaux médias du Québec, mais pas nécessairement l'ensemble des médias régionaux qui ne sont pas tous abonnés à Telbec. Les médias complémentaires (communautaires, ethniques, spécialisés) sont rarement abonnés à ce service.

Envoyez votre communiqué directement au bureau de Telbec à Montréal (les frais sont élevés) ou par l'intermédiaire d'un organisme abonné (ex.: une centrale syndicale) qui acceptera de transmettre votre communiqué gratuitement ou pour un coût plus abordable. Votre communiqué doit être rédigé et présenté d'une façon particulière qu'on vous indiquera alors.

C'est un mode d'expédition très impersonnel que vous pouvez compléter par la poste.

**Les destinataires** Adressez votre communiqué à une personne en particulier. Il a plus de chance d'être remarqué s'il est adressé nommément à une personne que s'il parvient aux médias de façon anonyme.

À qui adresser votre communiqué? Habituellement au chef de pupitre ou au directeur de l'information. Vous pouvez cependant le destiner à un journaliste spécialisé dans le domaine où vous oeuvrez (ex.: chroniqueur syndical, responsable des pages économiques d'un journal, critique de théâtre) ou à un journaliste que vous savez sympathique à votre cause ou à celui qui a déjà traité une nouvelle concernant votre groupe. Dans ce cas, il vous faut envoyer également une copie du communiqué au supérieur immédiat de ce journaliste. Mais attention! N'envoyez pas plus de copies qu'il n'en faut. Au lieu d'attirer l'attention sur votre communiqué en l'envoyant à une dizaine de personnes d'un même média, vous provoquez l'effet contraire: personne ne sait plus trop bien qui doit s'en occuper.

Vous pouvez expédier votre communiqué aux recherchistes des émissions d'affaires publiques des médias électroniques. Certains groupes montréalais recourent à cette tactique pour intéresser les recherchistes à un sujet et obtenir ainsi qu'ils en traitent dans leurs émissions.

**Le rappel** L'expédition terminée, vous pouvez faire quelques appels téléphoniques sélectifs pour vérifier si votre communiqué a bien été reçu. Si vos rappels téléphoniques visent à faire pression sur les médias pour obtenir la diffusion de votre communiqué, n'insistez pas trop lourdement. À moins d'avoir une nouvelle argumentation ou un nouvel élément d'information à présenter, vous indisposeriez les journalistes. Le rappel téléphonique est cependant tout à fait justifié lorsque vous voulez convaincre les recherchistes de traiter de votre sujet dans leurs émissions.

# LA PHOTO AVEC BAS DE VIGNETTE

Si votre nouvelle ne contient pas suffisamment d'informations pour justifier un communiqué de presse, vous pouvez envoyer une photo avec bas de vignette aux médias. Il s'agit d'une photo accompagnée d'une note explicative de quelques lignes.

*Exemple:*

La photo: Quelques personnes déballant des caisses de jouets.

Le bas de vignette: «Le Comité des citoyens à faible revenu de Ville-Sans-Nom fait sa collecte de jouets en prévision de la fête des enfants qui aura lieu le 23 décembre. Le comité invite tous les gens à lui faire don de jouets usagés et encore en bon état. Les dons sont acceptés jusqu'au 20 décembre, du lundi au vendredi, de 9 h 00 à 17 h 00 sans interruption, au local du comité situé au 360, rue des Érables.»

Ce procédé ne vaut, évidemment, que pour les médias écrits. Les journaux locaux et régionaux accepteront facilement de publier une photo de votre nouvelle présidente, illustrant l'état délabré d'un terrain de jeux, etc. Votre photo devra cependant avoir un attrait particulièrement spectaculaire ou inusité pour intéresser les journaux nationaux.

## Le texte

Rédigez un texte bref, clair et complet en un seul paragraphe qui répond aux questions de base (qui? quoi? quand? où? comment? pourquoi?).

## La photo

Votre photo doit illustrer éloquemment votre message, car elle a alors valeur de nouvelle.

Elle doit être bien contrastée, de format 13 cm par 18 cm, de type 35 mm et, de préférence, en noir et blanc.

Identifiez les figurants, les objets ou les lieux qu'elle représente ainsi que la date à laquelle elle a été prise pour faciliter sa réutilisation si elle est conservée dans les archives des médias.

Les médias aiment l'exclusivité, c'est connu. Faites plusieurs photos à l'intention des journaux et mentionnez-leur s'il s'agit d'une photo exclusive (les figurants ne sont pas les mêmes d'une photo à l'autre) ou d'une prise de vue exclusive (les figurants sont les mêmes, mais ils sont photographiés sous un angle différent).

# LE COMMUNIQUÉ D'INTÉRÊT COMMUNAUTAIRE

C'est un message très bref transmis sous forme de communiqué et destiné à être diffusé dans les chroniques de service à la communauté des médias. Il s'agit d'un message d'intérêt communautaire; il ne doit avoir aucun contenu idéologique, politique ou commercial. Il contient des renseignements pratiques sur vos activités et vos services.

*Exemples:*

Des renseignements sur vos nouvelles heures d'ouverture, sur la fermeture de votre bureau pendant les vacances d'été, sur votre nouvelle adresse, sur votre prochaine réunion, sur une activité que vous tiendrez prochainement, etc.

## La rédaction

Rédigez un message bref, clair et complet en un seul paragraphe qui répond aux questions de base (qui? quoi? quand? où? comment? pourquoi?).

*Exemple:*

«L'Association de loisirs scientifiques de Ville-Sans-Nom invite le public à une soirée d'observation astronomique qui aura lieu le 10 juillet à la Montagne bleue de Saint-Esprit. Le transport jusqu'au lieu d'observation se fera par autobus moyennant une contribution de trois dollars par personne. Le départ se fera à 20 h 30 à partir de l'entrée principale du cégep de Ville-Sans-Nom situé au 146 de la rue Gagnon. Les personnes intéressées à participer à cette soirée d'ob-

servation astronomique doivent s'inscrire en téléphonant au numéro 367-2863 avant le 8 juillet.»

## La présentation

Appliquez les règles de présentation du communiqué de presse avec ces quelques différences cependant:

- L'identification du texte se fait par la mention MESSAGE D'INTÉRÊT COMMUNAUTAIRE ou ANNONCE COMMUNAUTAIRE ou COMMUNIQUÉ POUR (NOM DE LA CHRONIQUE);
- Le titre se résume à quelques mots (ex.: SOIRÉE D'OBSERVATION ASTRONOMIQUE, CLINIQUE DE VACCINATIONS, RÉUNION DU CLUB DE L'ÂGE D'OR).

## L'expédition

Expédiez votre communiqué par la poste aux responsables des chroniques concernées.

Même si votre communiqué a été conçu pour les chroniques de service à la communauté des médias, rien n'empêche cependant qu'il soit également véhiculé par d'autres moyens comme les feuillets paroissiaux ou les tableaux d'affichage.

## LA CONFÉRENCE DE PRESSE

C'est une rencontre au cours de laquelle les porte-parole d'un groupe rendent une information publique devant une assemblée de journalistes et répondent aux questions de ceux-ci. La conférence de presse est convoquée par le groupe ou l'organisme.

### Avantages

• La conférence de presse est un moment privilégié de communication directe avec les représentants de plusieurs médias réunis en un même lieu.

• Vous avez l'occasion de livrer beaucoup d'informations sur un sujet, de faire une entrevue pour les bulletins de nouvelles, d'avoir un reportage attrayant dans les médias avec photos dans les journaux et extraits sonores ou filmés de votre conférence dans les médias électroniques.

### Désavantages

• L'organisation d'une conférence de presse demande du temps et du travail.

• Son principal désavantage tient au danger qui vous guette durant la période de questions si vous n'êtes pas suffisamment préparé à répondre aux journalistes.

## QUAND?

Ne convoquez pas les journalistes à une conférence de presse sans motif valable selon leur point de vue.

Il ne suffit pas d'avoir une nouvelle à annoncer, encore faut-il que ce sujet de nouvelle ait une importance telle qu'un échange avec les journalistes soit nécessaire pour qu'ils puissent en saisir l'ampleur ou la complexité.

Vous avez un sujet de nouvelle, mais vous ignorez s'il justifie la convocation d'une conférence de presse? Faites-lui passer le test du communiqué de presse fictif. Si le communiqué réussit à rendre toutes les informations dont vous avez besoin pour livrer votre message, renoncez à la conférence de presse.

Les occasions sont nombreuses. L'important est d'avoir suffisamment d'informations pour alimenter une rencontre d'une heure avec les journalistes.

*Exemples:*
Une conférence peut annoncer la mise sur pied d'un service, l'avortement d'un projet important, la création d'un regroupement, la programmation d'un festival ou faire le bilan d'une lutte, d'une année d'activités, etc.

Une conférence de presse est une séance de travail; ce n'est ni un événement mondain, ni une cérémonie, ni une obligation à laquelle on se doit au moins une fois par année. Ne songez pas à une conférence de presse pour un lancement de livre, pour le vernissage d'une exposition ou l'inauguration d'un édifice. Rien n'empêche cependant que vous invitiez les journalistes à l'un de ces événements. L'invitation doit alors préciser qu'il s'agit d'un lancement de livre et non d'une conférence de presse.

## Le jumelage à un événement

Vous pouvez jumeler une conférence de presse à un événement. Il faut alors informer les journalistes que l'événement sera suivi d'une conférence de presse et prévoir un endroit retiré et adéquat pour les rencontrer.

*Exemples:*

À la fin d'un congrès ou d'un colloque, ce qui vous permet de résumer les principales décisions prises au cours de cette assemblée et mieux expliquer la portée de ces décisions. Les médias n'ont d'ailleurs pas toujours les moyens d'affecter un journaliste à plein temps à la couverture d'un congrès et ils vous seront reconnaissants d'avoir prévu ce moment à leur intention.

Après une manifestation. Vous avez alors l'occasion d'expliquer les objectifs de votre manifestation aux journalistes et toute l'étendue de vos revendications, évitant en cela qu'ils n'en retiennent que l'aspect spectaculaire.

Parallèlement à un événement que vous dénoncez. Un groupe féministe qui s'insurge contre les couronnements de reine de carnaval, un groupe de protection des animaux qui s'oppose aux concours de panaches d'orignaux, un groupe qui dénonce la violence dans les sports pendant un tournoi de hockey peewee; tous ces groupes viennent de trouver l'occasion rêvée de présenter leur propre interprétation des faits aux journalistes.

## Le moment propice

Consultez la partie *«Le moment stratégique»* du chapitre *«Le plan d'intervention».*

Une conférence de presse exigeant la présence des journalistes, vous devez surtout tenir compte de la disponibilité de ceux-ci.

***La journée*** Choisissez une journée où votre conférence n'est pas en compétition avec de multiples autres.

En région: Vérifiez auprès d'un ou deux médias régionaux si leur horaire est déjà surchargé le jour où vous avez prévu tenir votre conférence de presse et, dans un tel cas, n'hésitez pas à la déplacer.

À Montréal: Évitez les journées où l'actualité est en surchauffe. Si certaines de ces journées sont prévisibles (ex.: une journée d'élections), un événement inattendu (ex.: un scandale politique) peut monopoliser les médias le jour même où vous les aviez convoqués à une conférence de presse. Dans ce cas, annulez votre conférence et prévenez immédiatement les médias que vous la reportez à une date ultérieure.

***L'heure*** Les conférences de presse se font aux heures normales de travail, mais ni trop tôt en début de journée, ni trop tard en fin de journée et préférablement, quelques heures avant l'heure de tombée des médias invités pour que les journalistes aient le temps de préparer leur reportage.

# COMMENT?

La conférence de presse est une rencontre de presse. Il vous faut obtenir la présence des journalistes.

C'est une séance de travail. Il vous faut faciliter le travail des journalistes ainsi que des photographes et des caméramen qui les accompagnent.

C'est un événement médiatique, créé spécifiquement à l'intention des médias. Il vous faut rendre cet événement intéressant soit par l'importance de votre sujet, soit par le prestige de votre conférencier, ou encore par des éléments visuels attrayants ou spectaculaires.

## L'invitation

Pour obtenir la présence des journalistes à votre conférence, il vous faut dresser une liste d'invitations, envoyer des avis de convocation et faire des rappels téléphoniques.

### La liste d'invitations

Votre liste d'invitations comprend tous les médias de même nature, car votre conférence de presse est un événement officiel. Une conférence d'intérêt national, par exemple, ne doit exclure aucun média national.

La présence de certains médias vedettes est indispensable au succès de votre conférence. De par le leadership qu'ils exercent dans une région ou au niveau national, ces médias vont donner un impact plus grand à votre nouvelle.

Une conférence de presse n'est pas une assemblée publique. On n'y invite pas tous les groupes et organismes susceptibles de s'y intéresser. Cela se fait cependant dans certaines régions et parfois aussi à Montréal. Le nombre de ces invités doit alors être dosé. Leurs interventions se limitent à apporter un témoignage vivant ou à combler une absence de questions de la part des journalistes.

### L'avis de convocation

Il s'agit d'une lettre d'invitation à une conférence de presse.

***Le contenu*** Rédigé sous forme de communiqué d'une page, l'avis de convocation est présenté sous le nom de CONVOCATION ou INVITATION AUX JOURNALISTES et contient normalement trois courts paragraphes. Le premier énonce l'invitation, le deuxième donne les coordonnées de la conférence (jour, date, heure, lieu exact et adresse complète) et le troisième présente sommairement le sujet de la conférence ainsi que le conférencier, surtout s'il s'agit d'une personnalité susceptible d'attirer les journalistes.

L'avis de convocation constitue en soi une information. Les journalistes peuvent donc en tirer une nouvelle. N'y livrez pas l'essence de votre nouvelle, car elle pourrait être diffusée avant la tenue de votre conférence et les journalistes seraient moins intéressés à y assister.

> *Exemple:*
> L'avis de convocation à une conférence sur la tenue d'un festival ne doit en aucun cas dévoiler les activités prévues, ni la participation de personnalités connues, ni les dates de la tenue de ce festival.

**REGROUPEMENT ÉCOLOGIQUE
DE LA BASSE-RÉGION**

# AVIS DE CONVOCATION

## CONFÉRENCE DE PRESSE

(Ville-sans-nom, 3 novembre 1990) Vous êtes invités à une conférence de presse au cours de laquelle le Regroupement écologique
de la Basse-Région dévoilera les résultats d'un sondage d'opinion
sur la gestion des déchets dangereux dans la Basse-Région.

Cette conférence de presse aura lieu le jeudi 6 novembre 1990 à
10 h 00 à la salle Mallarmé (salle 208, 2e étage) du Centre
communautaire situé au 395, rue des Anonymes, à Ville-sans-
nom.

La conférence sera donnée par madame Sylvie Quidam, directrice
de la firme Point de vue qui a mené le sondage d'opinion, et
Monsieur Robert Incognito, président du Regroupement écologique de la Basse-Région.

-30-

Source:
Mathieu Pseudonyme, agent de presse
Regroupement écologique de la Basse-Région
375, des Oubliés, Ville-sans-nom, (Québec), J3S 2X8
764-2864

***Le moment d'expédition*** En région, il est habituellement expédié quelques jours avant la tenue de la conférence et à Montréal, la veille. Si vous envoyez votre invitation plus d'une semaine à l'avance, il vous faut faire un rappel la veille ou l'avant-veille de votre conférence par un deuxième avis écrit de convocation qui porte alors le nom de RAPPEL.

***Le moyen d'expédition*** Tous les moyens servant à l'expédition des communiqués de presse peuvent également servir à transmettre vos avis de convocation. Les moyens les plus couramment utilisés sont le main à main, la poste (surtout en région) et Telbec (surtout à Montréal).

***Les destinataires*** Il est envoyé à l'intention du responsable de l'information de chaque média invité. Vous pouvez cependant transmettre une copie de votre invitation aux journalistes que vous voulez intéresser de façon particulière à votre conférence de presse.

## Les rappels téléphoniques

Vous téléphonez au responsable de l'information de chaque média invité pour lui demander de confirmer la présence d'un de ses journalistes à votre conférence.

Ce rappel téléphonique se fait la veille (en région) ou le matin de votre conférence (à Montréal). Dans les régions où les médias sont très dispersés géographiquement, vous pouvez faire vos rappels téléphoniques plus tôt aux médias trop éloignés du lieu de votre conférence pour y participer. L'objectif du rappel est alors d'informer ces médias que vous leur expédiez immédiatement une pochette de presse dont le contenu est sous embargo jusqu'à la tenue de la conférence.

Le rappel téléphonique vise, comme son nom l'indique, à vous rappeler au souvenir des médias qui auraient oublié, égaré leur avis de convocation ou qui ne l'auraient tout simplement pas reçu. Il vous permet également de connaître à l'avance le nombre approximatif de journalistes qui assisteront à votre conférence.

C'est le meilleur moment pour faire valoir les aspects importants de votre conférence. Un média hésite à y affecter un journaliste? Présentez une nouvelle argumentation ou un nouvel élément d'information démontrant l'intérêt de votre conférence. Vous voulez vous assurer de la présence d'un caméraman ou d'un photographe? Faites valoir les éléments visuels intéressants de votre conférence (ex.: le dévoilement d'une maquette).

## L'organisation

Une conférence de presse est une séance de travail. Les journalistes sont là pour recueillir les informations et les éléments audio-visuels nécessaires au traitement de votre nouvelle. Vous devez tout mettre en oeuvre pour leur faciliter la tâche.

### Votre équipe

Elle comprend, au minimum, trois personnes: un préposé à l'accueil (qui peut aussi servir d'assistant technique aux médias pour les prises de courant, le téléphone, etc.), un animateur (qui peut être votre agent de presse) et, naturellement, un conférencier. Pour permettre à celui-ci de se concentrer pleinement sur la communication qu'il a à faire aux journalistes, il ne doit pas avoir d'autre tâche que faire son exposé et répondre aux questions.

Votre conférencier peut être un porte-parole de votre groupe (ex.: votre présidente), un spécialiste (ex.: le scientifique qui a dirigé une recherche) ou une personnalité connue (ex.: une vedette du monde des affaires).

Le conférencier idéal a une bonne connaissance du dossier, un esprit de synthèse, une facilité d'élocution et une grande vivacité d'esprit. Il est rare cependant qu'on rencontre toutes ces qualités réunies dans une même personne. La solution est alors de lui adjoindre un deuxième conférencier qui compensera ces lacunes.

*Exemple:*
Pour annoncer la tenue d'un symposium national de sculpture, vous demandez à un artiste connu d'être conférencier. La renommée de celui-ci fera que son exposé général sur le symposium aura un impact assuré mais pour les détails techniques de l'organisation et pour répondre aux questions tortueuses, par exemple, sur le financement du symposium, il faudra un deuxième conférencier, probablement la présidente du comité organisateur.

## Le lieu de la conférence

***Son accès*** Un local situé dans un édifice facile à trouver et qui offre des possibilités de stationnement. À l'intérieur même de l'édifice, le local doit être facile d'accès. Au besoin, utilisez des pancartes avec des flèches pour indiquer la direction à suivre.

***Les dimensions*** Un local assez grand pour loger tout votre monde en évitant cependant de perdre une poignée de personnes dans une salle trop vaste ce qui serait du plus mauvais effet. Prévoyez, autant que possible, une petite pièce attenante pour les entrevues à la fin de la conférence.

***L'ameublement*** Des chaises pour accommoder tout le monde et une table pour le ou les conférenciers. Si les journalistes invités sont relativement nombreux, prévoyez une deuxième table, à l'entrée de la salle, sur laquelle vous déposez la documentation préparée à leur intention.

***L'équipement*** Un local isolé des bruits extérieurs, éclairé convenablement, doté d'un nombre adéquat de prises de courant pour les caméras, équipé d'un appareil téléphonique pour les communications urgentes des journalistes avec leur média et d'un système de micros, si les dimensions de la salle le justifient. Il est toujours préférable, cependant, d'avoir des conférenciers à la voix claire et forte plutôt qu'un système de micros défectueux ou mal réglé. Prévoyez également un service de café. À moins que la conférence ne se fasse à l'heure d'un repas, il n'est toutefois pas souhaitable de servir un goûter, à cause de la perte de temps que cela entraîne.

## La pochette de presse

La pochette de presse est une chemise dans laquelle on insère différents documents relatifs au sujet de la conférence. Vous faites autant de pochettes de presse que vous avez d'invités.

*Le contenu* Le contenu d'une pochette de presse varie d'une conférence à l'autre, selon les besoins. On y retrouve généralement le communiqué annonçant la nouvelle qui fait l'objet de votre conférence ainsi que différents documents écrits et, parfois aussi, des photos. Le tout vise à donner aux journalistes tous les éléments dont ils ont besoin pour traiter votre nouvelle.

Pour les aider à s'y retrouver, numérotez chaque document et dressez une liste du contenu de votre pochette.

Ne surchargez pas votre pochette de documents inutiles.

La pochette de presse n'est pas obligatoire dans tous les cas. Parfois, un seul communiqué de presse est amplement suffisant (ex.: une conférence de presse convoquée d'urgence).

- **Le communiqué principal**: il livre votre nouvelle et contient l'essentiel de votre message.

- **Les communiqués d'arrière-plan**: ils explicitent certains aspects du sujet de la conférence et livrent aux journalistes des données (statistiques, références, chiffres de production, etc.) qui pourraient leur échapper pendant la conférence. Rédigés sous forme de communiqués de presse, ils peuvent avoir deux ou trois pages chacun.

*Exemples:*

Des communiqués présentant la chronologie des faits menant aux événements qui ont provoqué la conférence, le budget du festival annoncé en conférence, l'équipe de spécialistes qui a dirigé les travaux de recherche dévoilés en conférence, etc.

- **Des documents de référence**: si votre groupe est peu ou pas connu des journalistes, il serait opportun de leur donner votre rapport annuel, un dépliant ou un texte de quelques pages sur votre groupe (fondation, composition du conseil d'administration, type d'activités, etc.).

Si l'objet de votre conférence est le dévoilement des conclusions d'une étude, vous devrez fournir une copie de ce document (version intégrale ou abrégée). S'il est volumineux, le document doit contenir des éléments qui en facilitent la lecture (table des matières, plan cohérent, titres et sous-titres mis en évidence).

Si votre conférencier est une personnalité connue, les journalistes apprécieront d'avoir son curriculum vitae.

- **Des photos**: des photos reliées directement ou indirectement au sujet de votre conférence.

*Exemples:*

La photo de votre nouveau président, de l'épandeur d'herbicide que vous dénoncez en conférence de presse, des comédiens qui joueront dans la pièce de théâtre annoncée en conférence, etc.

**La distribution** Les pochettes de presse sont distribuées à tous les journalistes invités, qu'ils soient présents ou non à votre conférence.

Elles sont remises aux journalistes dès leur arrivée à la salle de conférence. Les documents de votre pochette servent alors d'aide-mémoire aux journalistes et les dégagent de l'obligation de prendre des notes pendant l'exposé de votre conférencier. Libérés de cette contrainte, ils seront plus attentifs aux propos du conférencier et la période de questions n'en sera que plus intéressante.

Elles sont expédiées aux journalistes absents immédiatement après la conférence. Les documents de la pochette leur servent alors de principale source d'information qu'ils compléteront, au besoin, par une entrevue téléphonique.

Dans les régions où les médias sont très dispersés géographiquement, vous pouvez envoyer votre pochette aux médias éloignés avant votre conférence. Le contenu de votre pochette doit alors être mis sous embargo jusqu'à la tenue de votre conférence.

Les moyens à privilégier pour l'expédition de vos pochettes de presse aux journalistes absents sont les services de messageries, l'autobus ou mieux encore, le main à main qui vous permet de rencontrer le journaliste ou de laisser la pochette sur sa table de travail.

## Les éléments visuels

Les cameramen et les photographes cherchent autre chose à se mettre sous la lentille que tous ces gens qui ne font que parler. Prévoyez des éléments visuels intéressants.

**Les murs** Placardez les murs de votre salle. Utilisez des affiches, des banderoles, des photos géantes qui illustrent votre propos. L'espace à privilégier est le mur derrière la table des conférenciers qui sera presque continuellement sous l'oeil des caméras.

**Des objets** Apportez des objets que les conférenciers ou l'animateur présenteront aux journalistes au moment choisi.

*Exemples:*
La maquette du camp de vacances pour personnes handicapées dont vous annoncez la construction, les jouets dont vous dénoncez le manque de sécurité, etc.

**Une touche originale** Cherchez une façon originale d'illustrer votre propos: un extrait de pièce de théâtre pour annoncer la tournée de votre troupe, un panier d'épicerie à moitié vide à côté d'un panier surchargé pour dénoncer un projet de taxation des aliments... il n'y a pas de limite à l'imagination! Au besoin et sans que cela ne prenne trop de temps, vous pouvez présenter un extrait de diaporama, de bande sonore ou de vidéo.

Vous pouvez avoir votre propre photographe sur place qui prendra des photos, lesquelles seront insérées dans la pochette de presse que vous enverrez aux journalistes absents.

## Le déroulement

La conférence de presse est une brève séance de travail d'une heure. Elle doit se dérouler sans perte de temps et commencer à l'heure prévue. Les journalistes ayant un horaire chargé, ils n'accepteront qu'un retard de 15 minutes.

*Un conseil:*
Si vous en êtes à votre première conférence de presse, faites une pratique avant avec simulation d'exposé et de période de questions.

### L'accueil

À l'entrée de la salle, votre préposé à l'accueil inscrit les noms des journalistes au fur et à mesure de leur arrivée, distribue les pochettes de presse et offre le café.

### La présentation de la conférence

Le conférencier n'entre dans la salle qu'à ce moment pour éviter qu'il ne dévoile prématurément le contenu de la conférence au cours de conversations informelles avec les journalistes.

L'animateur souhaite la bienvenue, se présente, rappelle brièvement l'objet de la conférence, présente le conférencier (nom et titre exact), présente les journalistes (leur nom et celui de leur média), décrit brièvement le contenu de la pochette de presse et donne la parole au conférencier.

### L'exposé

S'il lit le communiqué qui résume le sujet de la conférence, le conférencier doit le faire de façon vivante en apportant, au fur et à mesure, les détails et les explications nécessaires. Un conférencier plus expérimenté peut cependant improviser en suivant les grandes lignes de son exposé écrites sur une feuille qu'il a devant lui.

Que vous ayez un ou plusieurs conférenciers, la période des exposés ne doit pas excéder 20 minutes.

### La période de questions

L'animateur invite les journalistes à poser des questions au conférencier. S'il y a plus d'un conférencier, il demande aux journalistes d'identifier celui à qui s'adresse leur question. S'il y a un grand nombre de journalistes et si l'animateur suppose qu'ils ne sont pas tous connus du conférencier, il demande également aux journalistes de s'identifier (leur nom et celui de leur média) quand ils posent une question. Pour éviter toute confusion, il doit être entendu que les conférenciers sont les seules personnes autorisées à répondre aux questions des journalistes. Cette période d'échanges n'excède normalement pas 40 minutes.

### Les entrevues

Quand les 40 minutes se sont écoulées ou quand les questions commencent à tourner en rond, l'animateur clôt la conférence en remerciant les journalistes de leur participation et en invitant ceux qui le désirent à faire des entrevues avec le conférencier. S'il y a des médias anglophones parmi vos invités de la presse électronique, il faut alors prévoir un porte-parole qui puisse faire une entrevue en anglais.

## Le suivi

Assurez une présence à votre bureau jusqu'à l'heure de tombée des médias pour répondre aux appels téléphoniques des journalistes qui auraient besoin d'une vérification de dernière minute ou d'informations supplémentaires.

# LA CONFÉRENCE DE PRESSE À MONTRÉAL

Non seulement votre conférence de presse est-elle en concurrence directe avec de très nombreuses autres conférences, mais elle doit également affronter la compétition des conférences de presse des ministres et autres grandes personnalités nationales ou internationales.

Pour que la vôtre réussisse à obtenir la présence des journalistes, il vous faut un sujet important ou un conférencier prestigieux.

Sachez également que les caméramen et les photographes ne se rendront probablement pas à votre conférence si vous n'avez pas ce conférencier de prestige ou un élément visuel spectaculaire.

*La liste d'invitations* Elle comprend habituellement les médias nationaux, la Presse canadienne et son réseau NTR, certaines radios communautaires et parfois aussi, un ou plusieurs hebdos locaux.

*Les avis de convocation* Ils sont expédiés sur Telbec à deux reprises: la veille de la conférence et le matin même de la conférence.

*Les pochettes de presse* Immédiatement après la conférence, les pochettes sont expédiées par service de messageries aux journalistes absents. Vous pouvez également transmettre par Telbec le communiqué principal de votre conférence. Vous laissez ensuite s'écouler un délai de quelques heures et vous téléphonez aux journalistes absents à votre conférence pour vous assurer qu'ils ont bien reçu leur pochette et leur donner les informations complémentaires dont ils auraient besoin.

# LA CONFÉRENCE DE PRESSE HORS RÉGION

Un organisme peut décider de tenir une conférence de presse en dehors de la région où il oeuvre habituellement. À moins de très bien connaître le nouveau milieu médiatique dans lequel il s'apprête à plonger, il lui est recommandé de s'adjoindre les services d'un consultant en communication ou d'une firme qui le conseillera sur la façon de procéder et qui, sur demande, se chargera de certaines opérations comme la réservation de salle, la convocation des journalistes, etc. Ces services sont gratuits ou tarifés sur une base professionnelle, selon qu'il s'agit d'un agent d'information sympathique à la cause ou d'une firme de consultants.

*Exemple:*

Un symposium national de sculpture qui a lieu en Gaspésie. Pour intéresser la presse nationale à cet événement ou pour obtenir la participation d'artistes prestigieux, ou encore pour se gagner les faveurs de commanditaires importants, les organisateurs du symposium décident de tenir une conférence de presse à Montréal.

# LA CONFÉRENCE DE PRESSE TÉLÉPHONIQUE

Il s'agit d'une conférence de presse à laquelle participent des journalistes présents en salle et des journalistes reliés par ligne téléphonique grâce à un appareil, appelé poste mains libres, qui permet, d'une part, aux gens de la salle d'entendre les journalistes qui sont en ligne téléphonique et, d'autre part, aux journalistes en ligne téléphonique d'entendre les conférenciers et de leur parler.

À cause de la complexité technique d'une conférence téléphonique, on doit y songer uniquement lorsqu'on prévoit que l'éloignement empêchera plusieurs journalistes de se rendre sur les lieux d'une conférence.

*Exemples:*

Une conférence de presse dans une région très vaste où les médias sont dispersés géographiquement.

Une conférence de presse panquébécoise ou interrégionale.

L'organisation d'une conférence de presse téléphonique est des plus rigoureuse et nécessite certaines modifications à la conférence de presse traditionnelle.

**Le poste mains libres** Il vous faut, bien sûr, avoir accès à cet appareil. Inutile de songer à le louer, c'est trop onéreux. Cherchez plutôt une salle déjà équipée d'un poste mains libres. Certains organismes sympathiques à votre cause pourraient vous rendre ce service.

**Les points de chute** Par point de chute, on entend chaque lieu relié à la conférence par ligne téléphonique. Dans un point de chute, on peut n'avoir qu'un journaliste en ligne ou un regroupement de plusieurs journalistes. Dans ce dernier cas, le point de chute doit être équipé d'un poste mains libres et il y faut également une personne qui agisse comme animateur. Attention! plus nombreux sont les points de chute, plus élevés sont les risques de problèmes techniques. Au-delà de cinq points de chute, les risques sont énormes.

**Les invitations** Après avoir expédié votre avis de convocation aux médias, vous téléphonez à ceux qui sont susceptibles de participer à votre conférence par ligne téléphonique. Vous demandez le nom du journaliste qui y participera et le numéro de téléphone par lequel il y sera relié.

**Les pochettes de presse** Vous expédiez votre pochette de presse à ces journalistes en y mettant un embargo jusqu'à la tenue de la conférence.

**La réservation de l'appel conférence** Vingt-quatre heures avant la tenue de votre conférence, vous téléphonez à la téléphoniste du service de conférence (composez le 0) pour réserver votre appel conférence et vous lui donnez tous les renseignements nécessaires (heure du début de la conférence, numéro de téléphone du poste mains libres, numéro de téléphone de chaque point de chute, etc.).

S'il survient un changement par la suite (numéro de téléphone, nom d'un journaliste, etc.), prévenez-en immédiatement la téléphoniste.

***Les rappels téléphoniques*** La téléphoniste se charge habituellement de faire un rappel téléphonique à chaque point de chute quelques heures avant la tenue de votre conférence.

***Le déroulement*** Vous devez être d'une rigueur absolue pour éviter les pertes de temps. La conférence doit débuter exactement à l'heure prévue.

- **La présentation**: sur les lieux mêmes de la conférence, les présentations peuvent se faire de façon informelle avant que les journalistes de l'extérieur n'entrent en ligne. Mais sitôt ceux-ci mis en communication, l'animateur fait la présentation de la conférence.

- **L'exposé**: il est préférable de n'avoir qu'un seul conférencier dont l'exposé ne doit pas dépasser 15 minutes.

- **La période de questions**: l'animateur invite d'abord les journalistes en ligne à poser leurs questions en leur demandant de bien s'identifier (leur nom et celui de leur média) à chaque fois. Quand ceux-ci ont épuisé leurs questions, les journalistes en salle sont invités à présenter les leurs.

# L'ENTREVUE

C'est une conversation dirigée par un interviewer au cours de laquelle celui-ci interroge une personne dans le but de diffuser intégralement ou en partie le contenu de l'entretien.

## Avantages

- L'entrevue établit une communication directe et personnalisée avec le public.

- Elle vous donne un certain contrôle sur votre message puisque c'est vous qui le livrez directement.

## Désavantages

- L'entrevue ne rejoint que le public d'un seul média à la fois.

- Son impact dépend essentiellement de la performance de la personne interviewée.

## QUAND?

Quand vous demandera-t-on une entrevue?

- À la fin de votre conférence de presse puisque cela fait partie du rituel de la conférence de presse.

- À la suite d'un événement, s'il met directement ou indirectement votre groupe en cause et si votre groupe est déjà connu des médias.

*Exemple:*

On demandera au président d'une association écologique reconnue sa réaction à une catastrophe environnementale, à une nouvelle loi sur la protection de l'environnement, à une déclaration de la ministre de l'Environnement, etc.

- À la suite d'un événement que vous avez vous-même provoqué (ex.: une manifestation, un congrès).

- Après l'expédition de votre communiqué de presse, s'il réussit à intéresser suffisamment un journaliste pour qu'il veuille faire un reportage plus fouillé sur le sujet.

À l'une ou l'autre de ces occasions, on vous offre de faire une entrevue. Vous acceptez? Exigez cependant du temps pour vous y préparer. Vous refusez? Pensez-y bien avant de refuser une entrevue à un journaliste qui pourrait exploiter ce refus à vos dépens dans son reportage.

## COMMENT?

Trois qualités sont essentielles pour donner une bonne performance en entrevue.

*La maîtrise du sujet* Il vous faut connaître non seulement les données immédiates du dossier, mais aussi toutes les informations d'arrière-plan.

> *Exemple:*
> Interrogé sur votre festival d'été, vous devrez livrer toutes les coordonnées de l'événement (activités, prix d'entrée, etc.), mais il faudra également vous tenir prêt à répondre à des questions de fond (l'historique et le financement de l'événement, les raisons qui ont amené des changements majeurs à la programmation de cette année, etc.).

*L'esprit de synthèse* Que vous ayez 30 secondes ou 5 minutes pour li-

vrer votre message, vous n'aurez jamais le temps de tout dire. Il faut donc synthétiser votre propos.

*La facilité d'élocution* Il faut, naturellement, une certaine aisance à s'exprimer.

Si ces qualités ne vous sont pas naturelles, elles s'acquièrent avec l'expérience et avec un minimum de préparation. Tout comme l'interviewer a appris son métier, vous pouvez apprendre celui d'interviewé.

Rassurez-vous, vous êtes l'expert. Vous avez des informations et une opinion privilégiées sur un sujet; voilà pourquoi vous êtes interviewé. Vous n'avez donc pas à vous sentir mal à l'aise ou inférieur en présence de l'interviewer, vous en savez plus que lui sur le sujet.

Et le trac? On ne s'en libère jamais complètement. Les plus grands artistes vous le diront. Heureusement d'ailleurs, car le trac donne une poussée d'adrénaline très stimulante. À vous de le contrôler et d'exploiter ses vertus.

## La préparation à l'entrevue

N'acceptez jamais de donner une entrevue de but en blanc: demandez du temps pour vous y préparer. Si vous prévoyez qu'on vous pressera de donner immédiatement une entrevue (ex.: après une manifestation), préparez-vous d'avance.

### Renseignez-vous

Ne vous aventurez pas en terrain inconnu. Renseignez-vous sur les conditions dans lesquelles se fera l'entrevue. Vous pourrez ainsi mieux vous y préparer.

***L'émission*** Votre entrevue sera diffusée dans une émission d'affaires publiques? une émission de divertissement? un bulletin de nouvelles? Qui d'autre sera invité à cette émission? Quel sera le contenu de cette émission? Son format?

*Exemple:*

Vous vous préparerez à donner une performance particulière, sachant que votre entrevue sera suivie ou précédée d'une entrevue avec votre adversaire ou qu'un grand spécialiste viendra livrer son appréciation de la question après votre intervention ou qu'un artiste fera ensuite son numéro comique.

***Le nom de l'interviewer*** Vous l'avez déjà vu à l'oeuvre? Vous le connaissez de réputation? Vous avez déjà une idée sur sa façon de faire, sur le genre de questions qu'il pose.

***Le sujet*** L'interviewer veut-il aborder certains points particuliers? privilégier un aspect de la question? traiter le dossier dans une perspective particulière?

*Exemple:*

Pendant la négociation d'une convention collective, un journaliste demande une entrevue au président du syndicat. Celui-ci sait, bien sûr, que l'entrevue portera sur l'évolution des négociations mais il doit chercher à savoir ce qui intéresse plus particulièrement le journaliste: les demandes syndicales, la contre proposition patronale, l'éventualité d'un vote de grève, etc.

***La durée*** Vous avez 30 secondes ou 3 minutes? Vous préparez votre intervention en fonction du temps qui vous est alloué.

***La forme*** En direct ou en différé? En studio ou à l'extérieur?

### Préparez votre intervention

Dégagez les points importants de votre message et écrivez-les sur une feuille. Le simple fait d'écrire les grandes lignes de votre communication vous aidera à synthétiser votre propos et à graver dans votre mémoire les points essentiels à livrer en entrevue.

Transcrivez ces notes sur des fiches cartonnées de format maniable et non brochées (maximum de trois fiches). Vous pouvez apporter ces fiches et y jeter un coup d'oeil de temps à autre pendant l'entrevue si elle se fait en position assise et si elle est de plus ou moins longue durée. Les fiches sont toutefois inutiles pour les entrevues destinées aux bulletins de nouvelles.

Prévoyez les questions qui vous seront vraisemblablement posées, autant les questions de base (qui? quoi? quand? où? comment? pourquoi?) que les questions délicates ou embarrassantes. Exercez-vous à répondre à ces questions. Dites-vous bien que si vous réussissez à vous tirer d'affaire avec les questions les plus périlleuses, vous n'aurez aucune difficulté avec les autres.

## La préentrevue

La préentrevue vise à mettre l'interviewer rapidement au courant d'un sujet. Il ne s'agit pas de lui imposer une batterie de questions, mais tout simplement de s'entendre sur les principaux points qui devraient être abordés. Ce qui est tout autant à son avantage qu'au vôtre car l'entrevue n'en sera que plus intéressante.

La préentrevue se fait généralement avec un recherchiste, lequel informe ensuite l'interviewer. Bien souvent, le recherchiste se contente d'un bref entretien téléphonique.

Les médias qui ont un personnel plus réduit (ex.: les radios communautaires, les postes régionaux ou locaux de radio-télé) n'ont habituellement pas de recherchistes. La préentrevue se fait alors avec l'interviewer s'il en a le temps et... l'habitude, la préentrevue n'étant pas dans les mœurs de tous les médias.

## Votre performance

L'entrevue se fait sous forme de questions-réponses. Votre grand défi est alors de toujours garder en tête les éléments essentiels de votre message malgré le stress, malgré les questions déroutantes, malgré tout ce qui pourrait vous distraire de votre propos. Vous écoutez les questions de l'interviewer, vous y répondez mais jamais vous ne perdez de vue les grandes lignes du message à livrer.

Si l'entrevue se fait en studio, on vous demande généralement de vous présenter 10 ou 20 minutes avant le moment prévu pour entrer en ondes. Même si on ne vous l'a pas demandé, présentez-vous à l'avance pour vous familiariser avec les lieux.

### Votre comportement

Adressez-vous à l'interviewer, c'est votre interlocuteur. Si vous réussissez à lui faire comprendre votre

point de vue, votre message aura bien passé auprès du public.

Gardez un comportement naturel. N'essayez pas de vous transformer; restez vous-même.

Soyez calme. On parle toujours trop vite et on n'articule jamais assez. Alors, adoptez un ton posé et prenez votre temps. Et naturellement, pas d'agressivité ni d'insultes.

### Vos réponses

Elles doivent être claires, simples et précises. Donnez des exemples concrets plutôt que des grandes explications théoriques. Évitez le jargon technique ainsi que les longues énumérations de chiffres et de noms.

Livrez l'essentiel de votre message dès le début de votre première réponse. Et ceci, même si l'interviewer ne vous l'a pas demandé. Tentez alors de relier votre propos à la question posée.

Entreprenez toujours de répondre à une question en commençant par l'essentiel de votre propos pour l'illustrer ensuite par des exemples concrets.

Ne répondez pas à une question avant qu'elle ne soit complètement formulée. D'abord, parce qu'il vous faut avoir bien compris le sens de la question avant d'y répondre. Et puis, votre réponse peut devenir techniquement inutilisable si vos paroles se confondent avec celles de l'interviewer. Et surtout, en hésitant une fraction de seconde avant de répondre, vous donnez l'impression d'une personne réfléchie et vous inspirez confiance.

Ne répondez jamais sèchement à une question par un oui ou par un non. Profitez de ce que vous avez la parole pour expliquer les raisons d'une réponse affirmative ou négative.

Vous vous êtes bien préparé à l'entrevue, vous maîtrisez votre sujet, il ne vous sera donc pas difficile de répondre aux questions de base (qui? quoi? quand? où? comment?) ni à celles qui visent à analyser un sujet en profondeur (pourquoi ceci? et pourquoi pas cela?). Il y a certaines questions cependant qui peuvent vous mettre dans l'embarras si vous ne savez pas en tirer parti.

***Les questions répétitives*** Attention aux questions reformulées différemment qui touchent le même contenu. L'interviewer cherche peut-être à vous soutirer une information gênante ou à vous prendre en délit de contradiction. Répétez alors la même réponse en commençant par: «Comme je vous l'ai déjà dit...».

***Les questions imprécises*** Si vous ne comprenez pas le sens d'une question, dites-le simplement: «Je ne comprends pas le sens de votre question». Il la reformulera.

***Les questions hors propos*** Prenez garde, il vous faut toujours rester sur votre propre terrain. Ramenez la discussion sur le sujet que vous voulez traiter: «Il y a quelque chose de plus important et c'est...» ou «Ce n'est pas la principale question. La vraie question, c'est...».

***Les questions hostiles*** Empressez-vous de donner une réponse positive pour détourner une question hostile. Question: «Pourquoi n'avez-vous rien fait pour régler ce problème?» Réponse: «Au contraire (détournement), nous avons... (message positif)».

***Les questions difficiles*** Ne vous méprenez pas: une question difficile ne vous est pas nécessairement hostile, elle vient plutôt du professionnalisme de l'interviewer qui cherche à vous faire préciser votre point de vue. Si la réponse à donner est complexe, commencez par dire: «Je répondrai à cette question en trois temps...» et expliquez: «Premièrement...deuxièmement...». Mais si vous ne pouvez pas répondre à une question, dites-le franchement à l'interviewer plutôt que de répondre n'importe quoi.

***Les questions défavorables à votre point de vue*** Répondez brièvement et enchaînez sur autre chose pour ne pas ouvrir la porte à d'autres questions du genre.

***Les questions favorables à votre point de vue*** Prolongez votre réponse avec des commentaires qui peuvent susciter d'autres questions du genre.

Et si les questions de l'interviewer ne vous permettent pas de livrer votre message? Si, en fin d'entrevue, vous vous rendez compte qu'un élément important a été oublié? Si...et si...? Prenez l'initiative d'enchaîner vous-même sur ce dont vous voulez parler: «Je veux soulever un point très important». On n'est jamais aussi bien servi que par soi-même.

## Les différentes formes

Votre performance varie selon le type d'entrevue qu'on vous demande.

*À la télévision* Adressez-vous à l'interviewer, ne regardez pas la caméra et surtout pas le système d'éclairage, car la trop forte luminosité des projecteurs vous ferait grimacer.

Ne soyez pas trop exubérant et méfiez-vous de vos tics les plus visibles. Le petit écran amplifie tout: l'expression, le ton, les gestes, etc. L'exagération passe mal la rampe à la télévision.

Portez un vêtement sobre et confortable dont le tissu a assez de corps pour soutenir un microphone qu'on y épinglerait. Évitez le blanc contrastant avec des couleurs trop foncées, ce qui crée un halo à l'écran.

Si vous apportez des éléments visuels (livre, maquette, photo, affiche, etc.) dites-le à l'interviewer qui en informera le réalisateur ou les caméramen.

*À la radio* Évitez les tics sonores qui irritent l'auditeur et qui détournent son attention de ce que vous avez à dire: reniflements, respirations bruyantes, tambourinage des doigts sur la table, cliquetis de bracelet, etc.

*Émissions d'affaires publiques* Préparez bien votre intervention car l'entrevue se fait avec un journaliste et celui-ci mène une entrevue serrée, sans aucune complaisance pour l'interviewé.

*Émissions de divertissement* L'entrevue se fait sur le ton de la confidence avec l'animateur de l'émission qui cherche simplement à faire passer un moment agréable à son public en lui présentant cet entretien amical qu'il a avec vous.

Si l'animateur ne bénéficie pas des services d'un recherchiste ou s'il n'a pas eu le temps de se préparer à l'entrevue, il peut arriver qu'il se trouve à court de questions. Profitez-en pour mener discrètement l'entrevue: «Ceci me rappelle...», «Peut-être pourrions-nous parler de...», «Je voudrais aussi aborder...».

Lorsque vous constatez qu'il ne vous reste qu'une dizaine de secondes avant de quitter les ondes, profitez-en pour répéter l'essentiel de votre message. D'ailleurs, l'animateur vous invite généralement à le faire.

*Pour le bulletin de nouvelles* Menée par un journaliste, cette entrevue est de très courte durée. Elle ne sera pas diffusée intégralement; le journaliste en extraira une ou deux citations de 15 à 20 secondes qu'il intégrera à son reportage.

Le journaliste a besoin de citations courtes, concises et précises. Faites des réponses qui résument succinctement votre point de vue, qui sont complètes en soi et qui utilisent le langage de tous les jours.

Si vous êtes insatisfait de votre performance, soit que vous ayez bafouillé ou hésité trop longuement sur un mot, vous pouvez demander de reprendre l'entrevue.

***En différé*** Enregistrée sur bande magnétique ou magnétoscopique, votre entrevue sera diffusée ultérieurement. Il est devenu très rare, surtout à la télévision, qu'on diffuse directement une entrevue sur les ondes.

La diffusion en différé vous permet de visionner ou d'écouter votre entrevue après l'enregistrement. Si vous n'en êtes pas satisfait, vous pouvez demander de la reprendre. La décision appartient cependant à l'interviewer ou au réalisateur de l'émission.

La diffusion en différé implique également que les médias peuvent couper certains extraits de votre entrevue au montage.

# LA PARTICIPATION À UN DÉBAT

Le dynamisme des débats attirant un large auditoire, vous rejoignez ainsi un vaste public. Mais c'est un exercice risqué surtout si vous faites face à des interlocuteurs aguerris et expérimentés. Vous n'êtes toutefois pas sans arme. Vos atouts? La sincérité de vos interventions, la solidité de vos arguments, le caractère concret des témoignages que vous apportez.

Les conseils donnés précédemment sur la performance en entrevue valent également pour le débat, avec quelques variantes cependant.

## La préparation

Renseignez-vous sur les règles du jeu (la distribution des tours de parole? la durée des interventions? le droit de réplique?) et le nom des autres participants. En connaissant le nom de vos interlocuteurs, vous pouvez déjà prévoir leur argumentation et préparer vos répliques.

Vous pouvez refuser de participer à un débat si vous estimez que les règles du jeu ne vous laissent aucune chance de vous en tirer honorablement. Mieux vaut supporter ces quelques secondes de discrédit pendant lesquelles l'animateur souligne votre absence que d'aller à un désastre assuré.

## Vos interventions

Ne commencez pas la discussion avec l'animateur ou les autres participants avant la mise en ondes. Vous pourriez révéler vos meilleurs arguments et vous retrouver sans armes pendant le débat.

Essayez d'intervenir en premier. Vous vous placez ainsi en position privilégiée, car c'est vous qui établissez la problématique du sujet.

Écoutez vos interlocuteurs. Une écoute attentive vous permettra d'identifier vos alliés et vos adversaires, d'exploiter leurs propos et de répliquer efficacement. Vous éviterez ainsi de gaspiller votre droit de parole en répétant les arguments déjà formulés par un participant qui soutient une opinion proche de la vôtre. En outre, vous détecterez les failles dans l'argumentation de vos adversaires.

Exploitez les propos de vos interlocuteurs. Prenez prétexte d'un mot ou d'un élément de phrase qu'ils ont prononcé pour ramener la discussion sur le sujet qui vous préoccupe: «Vous avez dit que...j'estime, pour ma part, que...». Relevez, avec humour si possible, les contradictions de vos adversaires, les faussetés ou les énormités qui leur ont échappé.

Restez calme, même si on vous provoque ou si on vous attaque.

Profitez de toutes les occasions pour livrer votre message.

Si la discussion s'envenime, votre intervention doit viser à placer le débat dans un contexte plus large.

## LA PARTICIPATION À UNE TRIBUNE TÉLÉPHONIQUE

Les tribunes téléphoniques sont des émissions radiophoniques pendant lesquelles le public est invité à exprimer son opinion sur un sujet. Vous pouvez y faire une intervention téléphonique ou y participer à titre d'invité.

### L'intervention téléphonique

Téléphonez dès le début de l'émission et même une quinzaine de minutes avant qu'elle ne commence s'il s'agit d'une émission très populaire.

Fermez votre appareil pour éviter les distorsions de son.

Vous n'avez que quelques minutes à votre disposition. Ne gaspillez pas ce précieux temps dans les «Félicitations pour votre beau programme» et autres boniments du genre.

Présentez-vous en donnant votre nom et celui de la municipalité où vous habitez, à moins d'avoir déjà donné ces renseignements au recherchiste qui a reçu votre appel; dans ce cas, c'est l'animateur qui fera votre présentation.

Expliquez immédiatement en quoi le sujet vous concerne.

*Exemple:*
Une émission sur l'accouchement à domicile. «Je suis mère de deux enfants. J'ai accouché de mon premier enfant à l'hôpital et mon deuxième enfant est venu au monde chez moi.»

Donnez votre point de vue sans vous écarter du sujet. Livrez vos arguments forts dès le début de votre intervention. Si l'animateur vous coupe la parole, vous aurez tout au moins livré l'essentiel de votre argumentation.

Vous répondez aux questions de l'animateur ou de l'invité. Si l'un ou l'autre a une position similaire à la vôtre, posez-lui des questions à votre tour pour qu'il vienne appuyer votre position par d'autres arguments. Si l'un ou l'autre exprime un point de vue opposé au vôtre, répondez calmement en tentant de démontrer qu'il a tort.

## L'invité

Votre participation consiste alors à faire un exposé, à vous entretenir avec l'animateur et à répondre aux interventions du public.

Les conseils donnés précédemment sur la performance en entrevue valent également pour la participation à une tribune téléphonique, avec quelques variantes cependant.

Non seulement devrez-vous vous préparer à donner une bonne performance, mais il vous faut également être prêt à faire face à toutes les situations.

• Un animateur incompétent qui ne sait pas diriger la discussion ou pire encore, un animateur démagogue plus préoccupé de sa popularité auprès des auditeurs que de la discussion en cours.

• Des intervenants hostiles qui monopolisent les appels ou qui vous interpellent violemment en ondes.

• Des interruptions techniques continuelles pour les messages publicitaires, les bulletins de nouvelles, la météo, etc.

***L'exposé*** Au début de l'émission, l'animateur vous invite à faire un exposé de quelques minutes sur le sujet du jour.

***Les réponses aux intervenants*** Soyez prêt à tout: les interventions du public sont soit des questions soit des commentaires; elles portent sur des aspects techniques ou controversés du sujet; elle vous sont favorables ou hostiles. Répondez calmement à tous les intervenants. Votre seule attitude, si elle est ferme et calme, démontrera le côté démesuré et parfois caricatural de certaines interventions trop hostiles. Chacune de vos réponses doit contribuer à renforcer votre message.

***L'entretien avec l'animateur*** Pour meubler des temps morts ou faire le lien entre deux interventions du public, l'animateur s'entretiendra avec vous et vous présentera ses propres questions et commentaires sur le sujet. Profitez de ces moments pour répéter votre message; les auditeurs changent au cours de l'émission.

# LE REPORTAGE

C'est une nouvelle faite par un journaliste. Le reportage résulte habituellement de l'initiative d'un journaliste ou de son supérieur, mais il peut faire suite à la demande d'un groupe.

## Avantage

Le reportage a un impact important dans les médias parce que le journaliste fait enquête et recueille beaucoup d'informations sur un sujet et parce que le reportage est présenté avec photos, séquences filmées ou extraits sonores.

## Désavantage

Même s'il s'agit d'un sujet de reportage que vous avez proposé à un journaliste, celui-ci a entière liberté dans le traitement qu'il en fera. Les conclusions d'un reportage ne vous sont donc pas nécessairement favorables.

## QUAND?

Les sujets de reportage sont habituellement choisis par les journalistes ou leurs supérieurs. Vous pouvez toutefois leur en suggérer mais ils demeurent libres d'accéder ou non à votre demande.

Vous pouvez les inviter à couvrir un événement ou leur suggérer de faire un reportage sur une situation de fait.

*Exemples:*
Un événement: une assemblée extraordinaire (congrès, assemblée syndicale sur un vote de grève) ou une cérémonie officielle (remise de trophées sportifs, inauguration d'un édifice, lancement de livre) ou une opération stratégique (manifestation, barrage de route).

Une situation de fait: un fait simple (un cas inusité de sexisme, de racisme) ou une situation complexe (les manoeuvres déloyales des marchands locaux pour empêcher la création d'une coopérative alimentaire).

## COMMENT?

Pour obtenir un reportage, il vous faut faire votre demande au moment opportun, présenter des éléments convaincants, faciliter le travail des journalistes et leur laisser vos coordonnées pour qu'ils puissent communiquer avec vous jusqu'au moment de la diffusion du reportage.

## Un événement

Qu'il s'agisse d'un événement prévisible ou fortuit, vous devez désigner une personne qui sera responsable de recevoir les journalistes et de les piloter sur les lieux.

### Un événement prévisible

Convoquez les médias par écrit une semaine à l'avance, surtout si l'événement a lieu en fin de semaine, pour que les médias puissent prévoir l'affectation de leurs journalistes.

À votre lettre d'invitation, joignez l'ordre du jour, le programme ou tout autre document d'information sur le colloque ou le congrès auquel vous invitez les journalistes. La veille de l'événement, faites un rappel téléphonique pour vous assurer de leur présence.

Réservez une table à l'intention des journalistes dans un endroit d'où ils pourront voir et entendre les délibérations de l'assemblée. Lorsque l'importance de l'événement le justifie, il faut aussi prévoir une salle de presse équipée de machines à écrire ou d'ordinateurs, de téléphones et d'un service de café pour que les journalistes puissent y travailler à l'aise.

Pour éviter tout malentendu, informez l'assistance de la présence des journalistes dès l'ouverture de l'assemblée.

S'il y a un point à l'ordre du jour que vous ne voulez pas voir discuter en présence des journalistes (ex.: éléments de stratégie, problèmes internes), vous pouvez décréter le huis clos. Le président d'assemblée demande alors aux journalistes de se retirer de la salle pendant cette partie des délibérations. Le huis clos est cependant une mesure exceptionnelle, utilisée uniquement lorsque pleinement justifiée et avec beaucoup de tact, sinon elle pourrait vous valoir la rogne des journalistes qui crieraient au boycott de la presse.

Les journalistes ne se rendront pas à vos réunions régulières à moins d'être très zélés ou particulièrement intéressés à l'évolution de votre groupe. Cependant, si vous prévoyez que des décisions importantes seront prises au cours d'une de vos réunions, prévenez-en les journalistes, par écrit ou par téléphone. Envoyez-leur l'ordre du jour de la réunion et même un dossier sur l'af-

faire. Cela les incitera peut-être à s'y rendre ou tout au moins à vous téléphoner le lendemain de la réunion pour en connaître les résultats.

## Un événement fortuit ou une opération stratégique

Téléphonez aux médias aussitôt que l'action est enclenchée: ils dépêcheront un journaliste sur les lieux. Quand le contexte est conflictuel, il est d'ailleurs préférable de ne pas prévenir les journalistes trop à l'avance pour éviter qu'une fuite ne vienne gêner votre action.

Ce peut être un événement inattendu (ex.: les employés d'une entreprise qui font spontanément un arrêt de travail pour des raisons de sécurité) ou une action dont vous avez vous-même pris l'initiative (ex.: manifestation, barrage d'une route).

Attention cependant à ces événements trop artificiels créés à la seule intention des médias, comme ces lignes de piquetage qui se forment à l'arrivée des journalistes et se disloquent aussitôt que les caméras cessent de tourner. Les journalistes auront tôt fait de découvrir votre mise en scène et d'en faire état dans leur reportage.

## Une situation de fait

Dans ce cas, il n'y a pas d'événement précis à couvrir mais une réalité que vous voulez porter à l'attention des médias.

*Exemples:*

Un reportage sur les façons dissimulées qu'ont les employeurs pour congédier les femmes enceintes.

Un reportage sur la réussite professionnelle d'une personne lourdement handicapée.

Il est plus facile de convaincre un être humain qu'une institution. Alors, adressez-vous à un journaliste plutôt qu'aux médias. Téléphonez-lui, ou mieux encore, rencontrez-le. Si vous n'avez pas pris rendez-vous, évitez de vous présenter tout juste avant l'heure de tombée du média.

Donnez-lui les informations de base sur le sujet (quoi? qui? quand? où? comment? pourquoi?), des documents (correspondance, procès-verbaux, rapports) et des pistes de reportage (adresse des lieux à photographier ou filmer, nom et numéro de téléphone des personnes à interviewer, date des événements à suivre). Présentez-lui une argumentation solide s'il s'agit d'une affaire hautement conflictuelle. Sinon, les conclusions du reportage peuvent vous être défavorables.

Ne cherchez pas à lui imposer votre sujet; un journaliste n'aime pas qu'on lui force la main. Essayez plutôt de le convaincre de l'intérêt de votre sujet de reportage.

Le journaliste refuse? Revenez à la charge plus tard avec de nouveaux arguments, de nouveaux éléments de nouvelle, à la faveur de nouveaux événements. Ou tentez votre chance avec un journaliste d'un autre média.

Il accepte? Donnez-lui l'exclusivité de votre nouvelle.

## LES SUGGESTIONS AUX RECHERCHISTES

Outre les bulletins de nouvelles, les médias électroniques produisent des émissions d'affaires publiques et des émissions de divertissement.

Les émissions d'affaires publiques visent à analyser différents sujets d'actualité. D'intérêt général ou spécialisé (ex.: magazines d'informations religieuses, littéraires, économiques), ces émissions utilisent différentes techniques (ex.: reportage, débat, ligne ouverte, entrevue).

Les émissions de divertissement joignent l'information au divertissement. Elles vous offrent ainsi l'occasion de faire passer votre message en douce. C'est une excellente tribune pour faire la promotion d'un événement, pour donner une image sympathique à votre groupe et pour rejoindre les gens qui ne s'intéressent pas à l'actualité. Votre message n'est plus en concurrence avec les grands thèmes de l'actualité, mais il faut vous adapter au format et au ton de l'émission. Ce n'est vraiment pas l'endroit indiqué pour entreprendre une polémique ou partir en croisade.

Vous pouvez proposer aux médias de traiter un sujet à l'une de ces émissions ou d'y inviter un de vos membres à titre de personne ressource.

Vous présentez vos suggestions aux recherchistes de ces émissions. Ces personnes font la recherche de base et présentent ensuite des suggestions au réalisateur de l'émission. Ce sont donc les recherchistes que vous devez convaincre de l'intérêt de votre sujet.

## COMMENT?

Choisissez vos émissions en fonction du sujet que vous voulez leur proposer. Votre sujet sera traité différemment selon que l'émission est plus ou moins portée sur le sensationnalisme, le divertissement, la polémique ou l'analyse critique.

*Exemples:*

Un sujet trop délicat peut être traité de façon scabreuse dans une émission axée sur le sensationnalisme.

Un sujet explosif n'a pas sa place dans une émission qui se fait sur le ton de la confidence.

Téléphonez aux recherchistes. Soyez prêt à répondre à leurs questions. Ils vous interrogeront longuement pour évaluer votre connaissance du sujet et votre éventuelle performance en entrevue.

Préparez un dossier étoffé que vous enverrez aux recherchistes après votre entretien téléphonique. Vous pouvez aussi faire l'opération inverse: envoyer un dossier aux recherchistes d'une dizaine d'émissions pour les intéresser à votre sujet et leur téléphoner par la suite.

Après l'émission, gardez contact avec les recherchistes en leur envoyant régulièrement des communiqués. Il est d'ailleurs fort probable que, l'occasion s'y prêtant, on sollicite à nouveau votre participation à cette émission puisque votre nom est désormais inscrit dans les archives.

## LA CONVOCATION DES PHOTOGRAPHES DE PRESSE

Vous pouvez demander l'affectation d'un photographe de presse à la couverture d'un événement sans demander pour autant la présence d'un journaliste. Il s'agit alors d'un événement qui ne nécessite pas un traitement journalistique et qui peut être rapporté dans un journal simplement par une photo et un texte de quelques lignes. La photo, dans ce cas, a valeur de nouvelle.

*Exemples:*

Un événement qui a lieu au cours d'une cérémonie officielle (remise de trophées, de prix honorifiques, inauguration d'un édifice, cocktail vernissage, etc.).

Un événement, une situation, un problème tangible qui offre la possibilité d'images éloquentes (un terrain de jeux délabré et dangereux, un spectaculaire débordement d'égout, les monuments de glace d'un carnaval, etc.).

À Montréal, il faut un événement extraordinaire ou particulièrement inusité pour obtenir les services d'un photographe de presse d'un quotidien (ex.: un cas spectaculaire de vandalisme dans une école) tandis que les hebdos locaux accepteront de déplacer leur photographe pour un événement plus modeste (ex.: le lave-auto annuel d'une association étudiante).

# COMMENT?

Le photographe de presse a un horaire encore plus chargé que le journaliste. Vous devez donc faciliter son travail en fournissant les renseignements nécessaires sur l'événement à photographier lorsque vous le convoquez et faire en sorte que le tout se déroule rapidement lorsqu'il est sur place.

## La convocation

Cela se fait habituellement par téléphone. Vous expliquez l'objet de votre demande au responsable de l'information et vous lui fournissez les renseignements suivants:

- Le nom de votre groupe et celui de votre agent de presse pour que le photographe sache à qui il devra s'adresser une fois sur place;

- Le cadre de l'événement pour qu'il connaisse à l'avance le contexte dans lequel il travaillera;

- Le jour, la date et l'heure de l'événement qu'il devra photographier (attention! l'heure à laquelle vous prévoyez faire la distribution des prix et non l'heure du début de la soirée de remise des prix);

- L'adresse complète du lieu où se tient l'événement, donc le numéro de l'immeuble, la rue, la municipalité et, si nécessaire, les indications pour se rendre au local (telle porte d'entrée, numéro du local, etc.).

## La prise de photos

Vous devez tout mettre en oeuvre pour que, rendu sur place, le photographe ait tous les éléments réunis pour procéder rapidement.

Choisissez un lieu approprié pour la prise de vue. Sachez toutefois que le photographe, pour des raisons techniques ou esthétiques, peut choisir un autre endroit. Servez-vous de bannières ou d'affiches comme toile de fond pour identifier votre groupe ou l'événement.

Choisissez les personnes devant apparaître sur les photos et prévenez ces personnes. Encore là, le choix des figurants demeure à la discrétion du photographe. À moins qu'il s'agisse d'une photo de groupe (équipe sportive, chorale, etc.), on s'en tient généralement à quatre ou cinq figurants par photo afin que les lecteurs puissent les reconnaître.

Offrez au photographe d'identifier les figurants sur une feuille. Inscrivez sur cette feuille le nom et le titre exacts de chaque figurant apparaissant de gauche à droite sur la photo.

Prévoyez des décors et des figurants différents si vous avez plusieurs photographes de presse car ils voudront probablement réaliser des photos adaptées aux besoins de leur journal respectif.

# LA RENCONTRE DE PRESSE

C'est une rencontre entre les porte-parole d'un groupe et des représentants des médias au cours de laquelle tous les aspects d'un sujet sont discutés en profondeur. La rencontre de presse est mieux connue sous le nom de briefing de presse.

## Avantage

Outre une discussion en profondeur sur un sujet, une telle rencontre permet des échanges informels qui entretiennent et améliorent les relations d'un groupe avec la presse.

## Désavantage

Pour alimenter une discussion en profondeur, il faut un bon travail de préparation et des porte-parole qui maîtrisent leur sujet.

## QUAND?

L'objectif principal d'une rencontre de presse est de donner aux journalistes une vision globale d'un sujet.

Vous pouvez convoquer une telle rencontre pour discuter avec les journalistes d'un dossier en particulier, de vos relations de presse ou de l'ensemble de vos affaires.

*Exemples:*

Une centrale syndicale convoque une rencontre de presse sur le thème de l'équité salariale, un dossier particulièrement complexe autour duquel la centrale a entrepris une série d'actions.

Un regroupement de solidarité internationale organise une séance de réflexion avec les médias sur l'information internationale.

Un groupe écologiste a mené au cours de l'année plusieurs dossiers sur l'environnement dans une région et convoque une rencontre de presse pour faire un bilan de l'année et pour discuter de l'évolution de chacun des dossiers.

Il vous faut être un interlocuteur d'importance pour convoquer une telle rencontre. À Montréal, par exemple, un syndicat local ou un groupe populaire ne réussira pas à intéresser les médias nationaux à une rencontre de presse alors qu'une centrale syndicale ou un regroupement de mouvements populaires peut le faire.

Une telle séance de travail est cependant une rencontre exceptionnelle que vous ne pouvez répéter plus de deux fois par année.

Cette rencontre se distingue de la conférence de presse en ce qu'elle n'est pas liée à une nouvelle. On ne convoque pas une rencontre de presse pour faire une déclaration officielle ou pour annoncer une nouvelle aux journalistes, mais pour discuter d'un sujet en profondeur. Les informations divulguées au cours de la rencontre n'en deviennent pas moins publiques et peuvent être diffusées n'importe quand dans les médias à moins que vous ne posiez un embargo, c'est-à-dire une interdiction de publication, laquelle ne doit pas excéder deux jours.

Les journalistes ne manqueront d'ailleurs pas de s'y référer. Ce qu'ils ont appris pendant cette rencontre de presse, ils l'utiliseront comme complément d'informations pour traiter les nouvelles qui surgiront au fil de l'actualité. En ce sens, la rencontre de presse a des effets à court, moyen et long terme.

# COMMENT ?

## L'invitation

On ne fait pas une invitation à tout venant. Mieux vaut avoir moins de participants que plein de gens qui ne feront pas progresser la discussion.

Vous choisissez vos invités selon vos besoins et leur champ d'intérêt, mais sans faire de discrimination entre les médias. Vos invités sont des journalistes ou des représentants de la direction des médias.

*Exemples:*

Une rencontre de presse portant sur un sujet syndical ou environnemental réunira les chroniqueurs syndicaux ou environnementaux des médias.

Une rencontre de presse portant sur les relations de presse des groupes populaires peut se faire, selon le besoin, avec le personnel de direction d'un seul média ou avec les directeurs de l'information de plusieurs médias.

Après avoir choisi vos invités, vous leur téléphonez une semaine avant la date prévue pour vérifier leur intérêt et leur disponibilité pour une telle rencontre. Au besoin, annulez ou reportez votre rencontre de presse.

Vous confirmez ensuite votre invitation dans une lettre qui précise la nature, la date, le lieu ainsi que l'objet de la rencontre. Si cette lettre est adressée aux journalistes, vous devez en envoyer copie à leur supérieur immédiat.

## Le lieu

Il vous faut un local retiré et adéquat, assez grand pour recevoir tous les participants sans être trop vaste, meublé d'une table autour de laquelle tout le monde peut s'asseoir et, si nécessaire, d'un tableau. Prévoyez également un service de café.

Une rencontre de presse plus informelle peut se faire autour d'une table de restaurant.

## Les participants

Cette rencontre réunit vos invités et les porte-parole de votre groupe (jamais plus de trois). Ceux-ci sont choisis parmi les membres de votre groupe qui connaissent le mieux le dossier ainsi que l'ensemble des affaires de votre groupe.

La présence de photographes et de cameramen n'est pas nécessaire; elle pourrait nuire à la qualité de la discussion. Les participants peuvent toutefois s'entendre sur une séance de prises de vue avant le début de la rencontre.

## La documentation

Vous préparez des documents de base en nombre suffisant pour que chaque participant ait sa copie personnelle et, si nécessaire, des documents de référence qui circuleront librement à la table pour consultation durant la rencontre.

## Le déroulement

La rencontre se fait de façon informelle. Après avoir présenté le sujet de discussion, les porte-parole de votre groupe se mettent à la disposition des journalistes qui peuvent les interroger sur n'importe quel sujet, pourvu qu'il soit relié au dossier en cause ou aux affaires de votre groupe.

*Exemple:*

Un syndicat convoque une rencontre de presse sur le dossier des accidents de travail, un dossier qui a été un sujet d'actualité pendant plusieurs mois, mais qui, selon le syndicat, a été traité superficiellement par les médias et sans que la position syndicale n'ait été présentée convenablement. La discussion portera sur ce dossier mais les représentants syndicaux peuvent être amenés à répondre à des questions sur le règlement d'un récent conflit de travail, sur une nouvelle législation concernant les briseurs de grève, etc. Cependant la présidente du syndicat, si elle est aussi commissaire d'école ou conseillère municipale, refusera de répondre à des questions sur l'administration scolaire ou municipale.

## La durée

La rencontre se termine, sur consensus, après une à deux heures de discussion.

## LA CHRONIQUE RÉGULIÈRE

C'est une série d'articles ou d'émissions ou de segments d'émissions traitant d'un thème particulier et diffusée de façon régulière et continue. La chronique est quotidienne, hebdomadaire ou mensuelle.

### Avantages

- À cause de son caractère continu, la chronique crée des habitudes de lecture ou d'écoute et, si elle est intéressante, elle peut vous gagner un public fidèle.
- C'est une tribune permettant de transmettre beaucoup d'informations sur un sujet.

### Désavantages

- L'alimentation d'une chronique régulière demande un travail continu et considérable.
- Tout ce travail peut se révéler inutile si votre chronique est mal logée dans un média et ne trouve pas son public.
- Les grands médias de masse n'accordent pas facilement de telles chroniques aux groupes.

## QUAND?

Il vous faut un type bien précis d'informations à transmettre pour que les médias acceptent de mettre une chronique à votre disposition. Ces informations doivent viser l'éducation du public ou à rendre certains services accessibles au public.

*Exemples:*

Un club de l'Âge d'or répond, dans une chronique, aux lettres des personnes âgées demandant des renseignements sur les services auxquels elles ont droit.

Un comité logement tient une chronique sur les droits des locataires dans un hebdo local.

Si vous demandez une chronique pour faire connaître votre association, vous risquez un refus catégorique ou d'avoir à payer des frais importants, car on considérera alors que vous demandez ni plus ni moins de la promotion ou de la publicité déguisée.

Les informations transmises dans une chronique ne sont pas des nouvelles. Cela doit être bien clair tant pour votre groupe que pour le média qui pourrait vous refuser la couverture journalistique à laquelle vous avez droit sous prétexte que vous avez déjà une chronique pour vous faire valoir.

Une chronique vous demandera énormément de travail. Ne vous lancez dans cette aventure que lorsque vous avez ces trois atouts en main:

- Le personnel pour assurer la continuité de la chronique;
- Suffisamment d'information pour l'alimenter continuellement;
- Une tribune bien en vue. Assurez-vous que la visibilité de la tribune qu'on vous offre vaut l'investissement en temps et en travail qu'elle exige.

*Exemple:*

Vous avez une excellente tribune si on vous offre une chronique à l'intérieur d'une série télévisée jouissant d'une très bonne cote d'écoute. Mais si on vous offre une chronique en page 52, pourquoi accepter d'être confiné dans le ghetto des dernières pages alors que vous pourriez mettre vos énergies dans une opération plus rentable?

## COMMENT?

Il faut la demander car, sauf en de très rares cas, on ne vous l'offrira pas. À qui présenter votre demande? Au directeur de l'information (médias écrits), au directeur de la programmation (médias électroniques) ou au réalisateur de l'émission dans laquelle vous voulez avoir une chronique.

Expliquez l'objet de votre demande en précisant qu'il ne s'agit pas de promotion pour votre groupe ni d'information d'ordre journalistique mais d'une chronique de services ou d'éducation. En ce sens, ce n'est pas un service que vous demandez au média, mais un service que vous offrez à sa clientèle. À vous de démontrer le besoin et l'intérêt d'une telle chronique.

Donnez des garanties sur le sérieux de votre groupe (composition de votre conseil d'administration, réalisations antérieures, etc.) et sur votre capacité d'assumer la responsabilité d'une telle chronique (la documentation et le personnel dont vous disposez, esquisses de différents projets de chronique, etc.).

Il est plus facile d'obtenir une chronique dans un journal de quartier, un hebdomadaire, un média communautaire ou un poste de radio-télé régional que dans les grands quotidiens ou les réseaux nationaux de radio-télé. Votre chronique leur permet de meubler de l'espace ou du temps d'antenne à peu de frais. N'oubliez pas non plus les bulletins d'association et les bulletins internes de certaines institutions ou entreprises. Le bulletin interne d'un hôpital, par exemple, accepterait peut-être de publier la chronique de l'association des malades. Et pourquoi pas emprunter des avenues aussi inusitées que les journaux à potins et autres journaux à sensation?

Les organisations modestes se limitent à une chronique dans un seul média. Les groupes d'envergure nationale (ex.: fédération d'associations humanitaires, féminines, culturelles) peuvent cependant faire des ententes avec des associations de médias (ex.: les Hebdos A-1, l'Association des radiodiffuseurs communautaires du Québec) pour obtenir la diffusion d'une chronique dans plusieurs médias.

Formez des alliances naturelles. Un média sera plus sensible aux sollicitations d'un regroupement d'associations qu'aux représentations d'un groupe isolé.

*Exemple:*

Un regroupement des associations de personnes handicapées d'une région aura plus de force de persuasion auprès d'un média que la seule association des malentendants ou celle des paraplégiques.

Si le média refuse de vous donner une chronique gratuitement, cherchez-vous un commanditaire qui acceptera d'associer son nom au vôtre et de payer les frais de diffusion de votre chronique.

## La préparation d'une chronique

Dressez une liste de tous les sujets qui pourraient être traités dans votre chronique et montez une banque d'information sur ces sujets.

La chronique a une règle absolue: la continuité. Ayez la prudence de préparer quelques chroniques à l'avance.

*Les médias écrits* Pour que votre chronique ait une certaine efficacité dans les médias écrits, assurez-vous d'avoir:

• Un bon emplacement, de préférence à droite dans une page impaire;

• Un encadrement d'identification: un encadré qui donne une meilleure visibilité à votre chronique et un titre qui convient à l'ensemble de votre série d'articles;

• Un texte dactylographié à double interligne, de longueur uniforme, contenant des informations claires et précises dans un langage simple, signé par son auteur en ayant soin d'y ajouter le nom du groupe qu'il représente ainsi que l'adresse et le numéro de téléphone de ce groupe.

*Les médias électroniques* Les chroniques dans les médias électroniques sont généralement présentées sous forme d'entrevue. Consultez le chapitre «L'entrevue».

Si l'interviewer est un membre de votre groupe, il doit éviter le ton complaisant qui donne l'impression vraiment désagréable d'une trop grande complicité avec l'interviewé.

# LA LETTRE DES LECTEURS

C'est une lettre destinée à être publiée par les médias écrits dans un espace réservé au courrier des lecteurs.

## Avantages

- Cette lettre a un impact relativement important, car la rubrique du courrier des lecteurs est lue fidèlement.
- Elle demande peu de temps et de travail.

## Désavantages

- Elle ne sert qu'à rejoindre le public des médias écrits.
- Ces médias peuvent refuser de publier votre lettre sans avoir à justifier leur décision et ils se réservent également le droit de l'écourter si elle est trop longue.

# QUAND?

Vous pouvez intervenir n'importe quand dans le courrier des lecteurs à condition cependant que votre intervention porte sur un sujet d'intérêt public. Ce sujet peut n'avoir jamais été abordé par les médias ou avoir déjà fait l'objet d'un éditorial, d'un article ou d'une lettre parue précédemment dans le courrier des lecteurs.

*Exemples:*
Le courrier des lecteurs vous permet d'exprimer votre opinion sur l'avortement, de dénoncer l'opinion émise dans un éditorial sur ce sujet ou de rectifier certaines interprétations erronées d'un article sur l'avortement.

Ce sujet n'est pas nécessairement lié à l'actualité quoique les médias, s'ils reçoivent de nombreuses lettres, privilégieront celles qui sont susceptibles d'alimenter un débat qui est chaudement d'actualité.

# COMMENT?

## La rédaction

Trois règles s'imposent: rédigez une lettre en forme de pyramide inversée; respectez un code d'éthique élémentaire; évitez la réplique des médias.

*La pyramide inversée* Développez votre argumentation par ordre d'importance décroissante. L'essentiel de vos propos évitera ainsi le couperet si on doit écourter votre lettre. Consultez le chapitre «Le communiqué de presse» pour plus de renseignements sur la formule de la pyramide inversée.

*Le code d'éthique* Vous pouvez protester, dénoncer, répliquer, ... en restant toutefois dans les limites du savoir-vivre élémentaire. Ne tenez aucun propos malhonnête, calomnieux, grossier ou injurieux qui, de toute façon, serait mal perçu et qui pourrait éventuellement vous valoir une poursuite judiciaire. Les médias se dégagent habituellement de toute responsabilité des propos publiés dans le courrier des lecteurs.

*La réplique des médias* Les médias ont ce privilège de pouvoir répondre immédiatement aux lettres des lecteurs par ce qu'on appelle «Note de la rédaction» ou «NDLR». Cette note est publiée immédiatement sous la lettre concernée.

Cette réplique ne vise que les lettres dénonçant le contenu d'un article ou d'un éditorial. Et elle ne s'en prend jamais à la valeur ni à la teneur des arguments mais uniquement à certains vices d'argumentation.

*Exemples:*

Votre lettre risque d'être suivie d'un NDLR si vous avez attribué à un journaliste les propos de quelqu'un d'autre, si vous avez faussé le sens des affirmations de l'éditorialiste en les retirant de leur contexte, etc.

## La présentation

Certains médias ont des exigences précises qu'ils indiquent dans un encadré au bas de la rubrique. S'il n'y a pas un tel encadré, observez ces quelques règles: dactylographiez votre lettre à double interligne, n'écrivez pas plus de cinquante lignes et, surtout, signez-la.

# LA CHRONIQUE LIBRE OPINION

C'est une rubrique que certains quotidiens réservent aux lettres d'un type particulier de lecteurs, ceux qu'on appelle les leaders d'opinion (universitaires, scientifiques, personnalités du monde des affaires, du monde syndical, etc.). Cette chronique a une influence considérable, non seulement au sein de ce club très sélect des leaders d'opinion, mais dans le public en général qui attache une grande importance à l'opinion de ces personnes.

Si vous n'avez pas de telles personnalités parmi vos membres, vous pouvez convaincre l'une d'entre elles d'écrire une lettre sur le sujet qui vous préoccupe. Cette personne doit, naturellement, être sympathique à votre cause et porter un nom dont la signature compte.

Il vous faut alors lui donner libre accès à vos dossiers et lui fournir toutes les informations nécessaires à la rédaction d'une lettre de quelques pages qui analyse un sujet et le situe dans un contexte global.

## LE MESSAGE PUBLICITAIRE

C'est un message pour lequel vous payez et qui est diffusé intégralement au moment qui vous convient et autant de fois que vous le désirez par les médias que vous avez choisis.

### Avantage

• Vous avez le contrôle complet sur votre message. Sa forme et son contenu, les médias par lesquels il sera diffusé, le nombre de fois qu'il sera répété, c'est vous qui décidez de tout cela. En achetant du temps d'antenne ou de l'espace dans les médias, vous devenez leur client et vous obtenez le droit de leur imposer vos exigences.

### Désavantages

• Il y a des coûts liés à la production et à la diffusion d'un message publicitaire.
• Votre message est en compétition avec les autres messages publicitaires qui lui disputeront l'attention des gens.

## QUAND?

Vous ne faites cette dépense que lorsqu'il est très important que votre message soit rendu intégralement à la population à laquelle vous le destinez et ce, au moment voulu. Vous ne pouvez donc pas le confier au bon vouloir des médias, il vous faut absolument le plein contrôle de cette opération.

L'objectif d'un message publicitaire est beaucoup plus incitatif qu'informatif. Il ne vise pas tant à faire circuler une information qu'à faire réagir les gens à cette information.

*Exemples:*

On se sert du message publicitaire pour inciter les gens à souscrire à une campagne de financement, pour inviter la population à se rendre à une importante assemblée publique, à participer aux activités d'un carnaval, etc.

## COMMENT?

Contactez les médias très tôt. Il faut s'y prendre au moins une semaine à l'avance pour faire des ententes sur la production et la diffusion d'un message publicitaire.

On vous fera rencontrer un conseiller en publicité. Vous êtes alors en position de négociation: vous tentez d'obtenir le plus au meilleur prix et le conseiller cherche à augmenter le montant de ses ventes.

Tout est négociable: la forme et le contenu du message, son emplacement, sa fréquence de diffusion et les tarifs de publicité.

### La conception

Comme votre message est très court, relativement dispendieux et susceptible d'être répété souvent dans les médias, il doit être efficace.

***Un message clair*** Il doit être compris en peu de temps par un grand nombre de personnes.

***Un message percutant*** Il est en compétition avec les autres messages publicitaires. Cherchez un slogan, une idée forte qui le caractérisera et lui donnera de l'impact. Utilisez le même slogan si votre message est diffusé par la radio, la télévision et les journaux.

**Un message adapté à votre public cible** Choisissez l'image qui impressionnera votre public cible, le langage qu'il affectionne, le contenu qui l'intéresse.

*Exemple:*

Pour inciter les jeunes à s'inscrire à des excursions écologiques, un message parlera du plaisir d'une ballade en forêt, utilisera un langage enjoué (la deuxième personne du singulier est indiquée) et misera sur un slogan qui frappera l'imagination des jeunes.

**Un message adapté aux médias**
Un message radio-télé est très court et ne laisse aux gens que le temps d'en garder une impression. Il ne doit contenir qu'une seule idée forte. Toutes les informations doivent converger vers cette idée forte.

*Exemple:*

Pour inciter les femmes à se servir d'un centre de consultation sur le retour au travail, un message télévisé misera sur les services que peut leur donner ce centre sans se perdre dans toutes sortes de considérations sociologiques sur le retour des femmes au travail.

Autant que possible, évitez de donner des adresses et des numéros de téléphone à la radio qui s'adresse à des auditeurs distraits.

L'annonce dans un journal peut contenir beaucoup d'informations, car les lecteurs ont tout leur temps pour la consulter et revenir sur un détail qui leur aurait échappé.

*Exemple:*

L'annonce d'un carnaval dans un journal peut donner des renseignements détaillés sur l'horaire des activités, les prix d'entrée, etc.

On construit un message publicitaire à partir de différents éléments: le son, un texte, des éléments visuels (séquences filmées, diapositives, etc.) pour la télévision; le son et un texte à la radio; des éléments visuels (photos, dessins, etc.) et un texte pour un journal.

Trois possibilités s'offrent à vous:

• Vous indiquez au conseiller en publicité le genre d'éléments que vous voulez avoir dans votre message. Celui-ci fait préparer un scénario (radio-télé) ou un montage (journal) de votre message et vous le présente pour approbation. Vous l'acceptez, le refusez ou demandez des modifications. Comme les détails comptent dans une annonce de journal, il est préférable que vous apportiez votre propre texte au conseiller en publicité.

• Vous fournissez vous-même ces éléments au conseiller et vous lui demandez de préparer un scénario ou un montage qu'il soumettra ensuite à votre approbation.

• Vous confiez la conception et la production de votre message à une agence de publicité, ce qui entraîne toutefois des frais assez considérables.

## L'emplacement

Choisissez les heures de diffusion et l'emplacement dans un journal qui sont le plus susceptibles de rejoindre votre public cible.

C'est entre 19 h et 23 h que la cote d'écoute est la plus élevée à la télévision. À la radio, la plus haute cote d'écoute se situe aux heures des repas, surtout au petit déjeuner. C'est à ces heures de très haute cote d'écoute que votre message rejoint le plus de gens et que les tarifs sont les plus élevés. Mais ce ne sont pas nécessairement les heures qui vous conviennent pour rejoindre votre public.

Une annonce a plus de chance d'être remarquée par un grand nombre de lecteurs si elle est publiée dans les premières pages d'un journal ou si elle occupe un très large espace dans une page impaire. Mais si vous cherchez à rejoindre les amateurs de sports, les gens d'affaires ou les gens piqués de théâtre, exigez que votre annonce paraisse dans les pages sur le sport, sur l'économie ou sur les activités culturelles.

## La fréquence

Un message gagne de l'efficacité par la répétition. C'est particulièrement vrai pour les messages radio-télé.

**À la télévision** Il doit être diffusé une dizaine de fois pour avoir des garanties minimales de succès. Comme l'efficacité d'un message télévisé tient plus à sa répétition qu'à sa durée, il est préférable d'acheter plusieurs messages de 30 secondes plutôt que quelques-uns de 60 secondes.

**À la radio** Les mêmes règles s'appliquent au message radiodiffusé avec cette différence cependant qu'une campagne publicitaire doit être intensive à la radio si on la veut efficace. Les auditeurs étant distraits, ils risquent d'oublier votre message s'il leur est transmis au compte-gouttes trop longtemps à l'avance. Il doit donc leur être répété au moins une dizaine de fois sur un très court laps de temps (deux ou trois jours).

**Dans le journal** Pour vous assurer que votre annonce sera lue par votre public cible, faites-la paraître dans deux éditions successives.

## Les tarifs de publicité

Les tarifs de publicité varient d'un média à l'autre. C'est principalement l'importance de la clientèle d'un média qui détermine ses tarifs de publicité. La clientèle d'un média est mesurée en termes de cote d'écoute pour les médias électroniques et de tirage pour les médias écrits. La cote d'écoute est le nombre d'auditeurs ou de téléspectateurs à l'écoute à chaque quart d'heure d'antenne. Le tirage est le nombre de copies imprimées d'un journal.

Dans un même média, les tarifs varient selon qu'un message est diffusé à une heure d'écoute élevée ou pas, selon qu'une annonce est publiée dans les premières pages d'un journal ou perdue en page 35. L'unité de mesure pour établir ces tarifs est la seconde (médias électroniques) et la ligne agate (médias écrits). Ce sont des tarifs supposément fermes, mais, en fait, ils sont toujours négociables.

# CHAPITRE 5

# VOS PROPRES MOYENS DE COMUNICATION

L es médias existants ne peuvent pas répondre à tous vos besoins de communication. Il vous faut alors créer vos propres moyens de communication.

Quand cela est-il nécessaire? Lorsque vous avez besoin d'un outil de communication interne, lorsqu'il vous faut appuyer un message déjà véhiculé par un autre média ou lorsque les médias existants ne peuvent transmettre votre information à votre public cible au moment qui vous convient.

Ces moyens de communication sont l'affiche, le dépliant, la brochure, la circulaire, le petit journal, le bulletin de liaison, le vidéo et le diaporama. Les moyens audio-visuels (vidéo et diaporama) ont toutefois été exclus de ce chapitre parce qu'ils exigent des ressources financières relativement importantes.

Le grand avantage de ces médias, c'est que vous en avez le contrôle absolu: leur forme, leur contenu, leur distribution, etc., c'est vous qui décidez de tout cela. Toutefois cela ne se fait pas sans mal: il faut y investir du temps, du travail et une certaine somme d'argent.

## L'AFFICHE

C'est une feuille cartonnée ou pas qui transmet un message aux passants grâce à un élément visuel attrayant et quelques informations écrites.

### Avantages

- Elle informe le passant sans lui demander d'effort.
- Une fois posée, elle travaille pour vous en tout temps et en toutes circonstances.

### Désavantages

- Elle ne peut livrer que très peu de d'informations.
- Elle risque d'être noyée parmi toutes les autres affiches qui sollicitent l'attention des passants.
- C'est un outil de communication vulnérable parce que laissé sans surveillance dans des endroits publics. Les risques de vandalisme et de «suraffichage» (disparition sous une autre affiche) sont élevés.

## QUAND?

L'affiche sert essentiellement à appuyer un message déjà transmis par un autre média. Vous ne pouvez vous fier à ce seul moyen pour véhiculer votre message; l'affiche ne contient pas suffisamment d'informations et elle est soumise à trop d'impondérables (vandalisme, intempéries, «suraffichage»).

Les groupes se servent de l'affiche surtout pour rappeler la tenue d'un événement (réunion syndicale, fête de quartier, etc.).

L'affiche peut servir également à sensibiliser la population à une situation, à un problème. Vous devez toutefois disposer d'un budget important pour vous lancer dans une campagne de sensibilisation par affichage, car il vous faut alors une masse d'affiches habilement conçues et réalisées par des professionnels. Il n'y a en fait que les grandes organisations nationales qui peuvent se permettre le luxe d'une campagne de sensibilisation par affichage sur l'aide aux pays en voie de développement, l'équité salariale, les maladies mentales, etc.

## COMMENT?

L'affiche est un attrape-regard. Elle doit d'abord attirer l'attention du passant pour lui livrer ensuite votre message d'un simple coup d'oeil.

Dans la conception, la production ou la distribution de vos affiches, ayez toujours en tête qu'elles s'adressent à l'oeil du passant.

### La conception

Déterminez le contenu de votre affiche et disposez ces éléments de façon à ce qu'elle capte le regard du passant et lui livre rapidement votre message.

Quels sont les éléments constitutifs d'une affiche? Une ou des illustrations, un slogan ou un titre percutant et un très court texte de quelques phrases. Le tout présenté en une ou plusieurs couleurs et différents types ou formats de caractères.

Disposez les éléments de votre affiche en tenant compte que le passant lit de haut en bas et de gauche à droite.

Ne négligez pas l'aspect esthétique de vos affiches, surtout si vous prévoyez les placarder dans les vitrines commerciales au coeur de Montréal. Les marchands et restaurateurs montréalais sont très sollicités et ils refuseront votre affiche si elle dépare leur vitrine.

## La production

Vous pouvez faire vos affiches une à une en utilisant des gros stylos feutre, de la gouache, le lettrage à décalquer, un trace-lettres, etc.

Très économique, la production manuelle demande cependant du temps. Ce n'est pas un grave inconvénient si vous n'avez besoin que d'un petit nombre d'affiches ou si vous êtes plusieurs personnes à la tâche.

Pour un grand nombre d'affiches, recourez à la photocopie ou à l'imprimerie. Consultez la partie «Les procédés de reproduction» à la fin de ce chapitre.

> *Un conseil:*
> Si vous prévoyez vous servir de votre affiche à différentes occasions, faites-en imprimer ou photocopier un grand nombre en y laissant une bande vierge.

> *Exemple:*
> Un comité de loisirs annoncera chacune de ses activités de l'année dans la bande vierge de son affiche.

## La distribution

L'affiche doit être placardée à hauteur des yeux dans des endroits fréquentés par votre public cible.

Les endroits d'affichage les plus couramment utilisés sont les vitrines et devantures commerciales (magasins, restaurants, etc.), les babillards (local d'un syndicat, d'un groupe populaire, salle à café ou fumoir d'un édifice public, d'une usine, etc.) et les portes d'entrée des édifices publics (église, hôpital, bibliothèque, etc.).

L'affichage sur les poteaux de services publics (téléphone et électricité) est interdit bien que personne ne semble s'en soucier. Certaines municipalités interdisent également le placardage des murs des édifices. C'est le cas de la Ville de Montréal qui interdit l'affichage au centre-ville, sauf en certains endroits précis comme les colonnes Morris.

Entretenez de bonnes relations avec les autorités concernées: demandez leur autorisation pour afficher dans leur établissement, posez votre affiche proprement et retournez sur les lieux pour l'enlever quand vous n'en avez plus besoin.

Si votre affiche doit rester longtemps au même endroit, protégez-la des intempéries et du vandalisme en la placardant, autant que possible, à l'intérieur de l'établissement.

À Montréal, c'est la jungle. De 10 000 à 20 000 affiches se disputent férocement un espace. Au centre-ville, la compétition est telle que l'espérance de vie d'une affiche dépasse rarement deux jours. Bien souvent, elle n'a eu que deux heures d'exposition à cause du «suraffichage» (disparition sous une autre affiche). Si bien que les groupes oeuvrant dans le domaine sociocommunautaire ont renoncé à l'affichage extérieur et font un affichage sélectif à l'intérieur des édifices. Quant aux groupes qui font la promotion d'événements culturels, ils engagent des afficheurs professionnels.

# LES PETITS IMPRIMÉS

Ce sont des outils de communication qui transmettent une information relativement complète sur un sujet. Il y a différentes sortes de petits imprimés. Les plus couramment utilisés sont le dépliant, la brochure et la circulaire. Le dépliant est une feuille imprimée et pliée en différents volets. La brochure est un ensemble de feuilles imprimées et brochées en leur centre. La circulaire est une feuille imprimée.

## Avantages

- Ces outils se font en peu de temps et à peu de frais.
- Ils permettent de donner beaucoup d'information sur un sujet.

## Désavantage

- Ils ne sont pas nécessairement lus, surtout dans les villes où les gens sont inondés de papiers de toutes sortes.

## QUAND?
### La brochure

C'est un outil de référence. Les gens peuvent s'y référer pour avoir une information relativement complète sur un sujet ou sur les services et activités d'une association. Son cycle de vie est assez long.

*Exemples:*

Une brochure présentant les services d'une association ou d'un établissement.

Une brochure donnant des informations techniques sur les droits des locataires, la survie en forêt, etc.

## Le dépliant

C'est l'outil de communication le plus couramment utilisé. Il sert à faire connaître un groupe, ses activités et services. Il peut servir aussi à appuyer une opération spéciale comme une campagne de recrutement ou de financement. Son cycle de vie varie selon la nature de l'information qu'il contient.

*Exemples:*

Le dépliant qui donne des renseignements précis sur une activité (date, durée, prix d'entrée) devient périmé après la tenue de cette activité.

Le dépliant qui donne de l'information de base sur votre association pour la faire connaître peut être utilisable pendant très longtemps.

## La circulaire

Réalisable en un rien de temps, c'est l'outil de communication idéal pour les situations qui demandent une intervention rapide. La circulaire sert à inviter la population à une activité ou un événement bien précis. On peut s'en servir également pour dénoncer une situation, sensibiliser la population à un problème, mobiliser les gens en vue d'une action précise. Elle peut donner autant d'information que le dépliant, mais c'est une publication éphémère parce que liée à un événement, à une situation qui évolue rapidement.

*Exemple:*

Une circulaire d'un regroupement de chômeurs dénonçant une nouvelle loi sur l'assurance-chômage ou invitant les chômeurs à une réunion, à une manifestation.

# COMMENT?

## La conception

Le texte constitue l'élément essentiel de votre publication. Il peut être accompagné d'une ou plusieurs illustrations (dessin, photo, graphique, etc.).

***Les illustrations*** Le premier contact avec votre publication est visuel. L'illustration sert à attiser la curiosité des gens et à concrétiser votre message.

Vos illustrations doivent être attrayantes sans toutefois nuire à la lecture du texte, ni alourdir l'aspect visuel de votre publication.

***Le texte*** Votre texte doit susciter l'intérêt des gens, les inciter à en faire la lecture et livrer votre message.

Les gens étant inondés de papiers de toutes sortes, vous devez tout mettre en oeuvre pour qu'ils ne rejettent pas votre publication sans l'avoir lue. Utilisez des slogans et des titres percutants pour susciter leur intérêt au premier coup d'oeil.

Facilitez la lecture de votre texte en utilisant des caractères faciles à lire, un langage courant, des paragraphes courts et espacés, des phrases courtes et simples.

Livrez toute l'information nécessaire à la compréhension de votre message. Répondez aux questions de base (qui? quoi? où? quand? comment? pourquoi?) et donnez les coordonnées de votre groupe (nom, adresse, téléphone) pour que les gens puissent vous rejoindre.

Le texte de votre dépliant ou de votre circulaire doit être particulièrement concis, car les gens ne lui accordent pas plus d'une minute de lecture.

***La circulaire*** Cette publication ayant une apparence tellement modeste, le risque est encore plus grand que les gens la rejettent sans la lire. Il vous faut accrocher leur intérêt dès le départ. Livrez immédiatement votre message dans le titre.

*Exemple:*

Une circulaire destinée aux femmes qui prévoient faire un retour sur le marché du travail pourrait commencer comme ceci: «Mesdames, vous qui voulez retourner sur le marché du travail...».

***Le dépliant*** Répartissez le texte sur les différentes faces de votre dépliant de façon que le lecteur puisse suivre logiquement l'argumentation de votre message.

La couverture identifie le contenu. D'un simple coup d'oeil, le lecteur doit savoir qu'il s'agit d'un dépliant sur un nouveau service de garderie ou sur une association de chasse et pêche.

Les faces intérieures constituent le plat de résistance du dépliant.

La face extérieure est celle qu'on lira en dernier ou qu'on oubliera de lire. N'y mettez que des informations complémentaires ou un résumé des grandes lignes de votre dépliant ou une formule d'adhésion ou de contribution financière, laquelle formule doit être annoncée à l'intérieur du dépliant.

La dimension de votre dépliant, une fois plié, varie selon le format de papier utilisé et le nombre de pliures. Autant que possible, donnez-lui une dimension qui se prête à toute occasion et à toute forme de distribution. Le format le plus pratique est celui qui permet d'insérer un dépliant aussi bien dans une enveloppe (distribution par la poste), que dans un présentoir ou dans une poche de veston (distribution de main à main).

## La mise en page

Disposez les éléments constitutifs de votre publication (texte, illustrations, titres et sous-titres) sur des feuilles blanches de format identique à celui de votre dépliant ou de même format que les pages de votre brochure ou de votre circulaire.

Le contenu de votre publication doit être disposé de façon que chaque page (ou chaque face, dans le cas d'un dépliant) soit attrayante et intelligible et que l'ensemble des pages (ou des faces) forme un tout cohérent.

Prévoyez une marge d'environ un demi-pouce sur le pourtour de chaque feuille. Laissez également une marge de brochage au centre de chaque page de votre brochure et à chaque endroit de votre dépliant où vous prévoyez une pliure.

## La reproduction

La reproduction de votre publication se fait, soit par photocopie, soit dans une imprimerie. Consultez la partie «Les procédés de reproduction» à la fin de ce chapitre.

## La distribution

Différents modes de distribution s'offrent à vous: la poste, le service de camelots, l'encartage dans les journaux, le dépôt, le main à main.

***La poste*** Ce mode de distribution est très fiable; il vous donne l'assurance que votre publication aura bel et bien été reçue par au moins une personne dans chaque foyer du secteur visé. Le service postal permet également une distribution sélective (de tel code postal à tel code postal, tel secteur d'une ville, etc.), ce qui est particulièrement utile dans les grandes villes.

Le service de courrier de 3e classe est très avantageux lorsque vous avez un gros volume de publications à distribuer. Renseignez-vous sur les critères d'admissiblité à ce service et sur les différents facteurs (format et poids de la publication, envois adressés ou pas, etc.) qui vont influer sur le prix de base.

***Les camelots*** Vous pouvez louer les services d'une agence de distribution ou constituer votre propre équipe de camelots.

Avant de conclure une entente avec une agence, quelques vérifications élémentaires s'imposent. Le secteur de distribution de l'agence correspond-il à celui que vous visez? La distribution se fait-elle dans les boîtes aux lettres ou dans les porte-journaux? Attention! les camelots n'ont pas accès à toutes les boîtes

aux lettres (ex.: les boîtes regroupées des zones rurales ou des nouveaux secteurs résidentiels). Votre publication sera-t-elle regroupée avec d'autres documents (ex.: les circulaires commerciales) dans un publi-sac? Attention! bien des gens jettent le publi-sac sans même l'ouvrir.

Vous vous assurez d'un service plus fiable et, bien sûr, plus économique en constituant votre propre équipe de camelots parmi vos membres.

Certaines municipalités songent à réglementer ce mode de distribution, ce qui contribuera à limiter son efficacité.

***L'encartage dans les journaux*** Ce mode de distribution ne vaut que pour les lettres-circulaires. Il s'agit tout simplement de faire insérer votre circulaire dans un journal. Vous rejoignez ainsi la clientèle de ce journal.

Votre circulaire doit alors avoir le même format que la page du journal et être assez attrayante pour faire face à la compétition des pages publicitaires. Il y a des frais, naturellement. Le coût d'un encart dépend principalement du tirage du journal.

***Le dépôt*** Il s'agit de laisser vos publications en dépôt dans des endroits passants.

*Exemples:*
Les salles d'attente des hôpitaux, des cabinets de médecins et d'avocats, etc.
Les comptoirs des établissements commerciaux (magasins, dépanneurs, etc.).

Les présentoirs de certains établissements (bibliothèques, CLSC, centres de loisirs, etc.).

Vous pouvez choisir des endroits fréquentés plus particulièrement par votre public cible.

### Exemples:

Une brochure sur l'allaitement maternel laissée en dépôt aux départements d'obstétrique des hôpitaux.

Un dépliant sur les droits des personnes âgées laissé en dépôt dans les centres d'accueil, les centres de jour, les clubs de l'Âge d'or.

### Un conseil:

Faites fabriquer ou confectionnez vous-même des présentoirs identifiés à votre groupe. Vous aurez ainsi vos propres présentoirs qui serviront à la distribution de vos dépliants en différents lieux et occasions.

**Le main à main** Ce mode de distribution ne vous coûte rien, car ce sont vos membres qui distribuent votre publication. Le main à main offre la possibilité d'engager une conversation avec les gens sur le sujet qui vous préoccupe.

### Exemples:

Une brochure distribuée par un de vos membres à l'occasion d'un événement particulier (fête de quartier, congrès, etc.)

Une circulaire d'un regroupement de chômeurs offerte à la sortie des centres d'emploi.

**Les autres moyens** Vous pouvez distribuer vos lettres-circulaires sur les pare-brise d'auto. Attention! Malgré une distribution massive, votre circulaire risque d'avoir peu de lecteurs car, bien souvent, les automobilistes rejettent les lettres-circulaires sans les lire. Assurez-vous égale-

ment que les propriétaires des lieux (ex.: stationnement d'un centre commercial) ou la municipalité n'ont pas interdit ce mode de distribution.

Votre circulaire ou votre dépliant peuvent être affichés sur les babillards dans les locaux des groupes populaires, des syndicats, dans les institutions publiques (bibliothèques, maisons de la culture, etc.).

# LES JOURNAUX ET LES BULLETINS DE LIAISON

C'est une publication de plusieurs pages qu'un groupe fait paraître occasionnellement ou de façon régulière.

## Avantages

- Vous avez le contrôle complet sur l'information que vous diffusez.
- Vous pouvez donner beaucoup d'information sur différents sujets.

## Désavantages

- Vous avez la responsabilité du contenu de votre journal. Si vous attaquez une personne ou une institution de façon injustifiée, vous pouvez être poursuivi en justice pour libelle diffamatoire. (Définition du libelle diffamatoire selon le Code criminel: «Une matière publiée sans justification ni excuse légitime et de nature à nuire à la réputation de quelqu'un en l'exposant à la haine, au mépris ou au ridicule, ou destinée à outrager la personne contre qui elle est publiée.»)
- Votre publication vous demandera beaucoup de travail, du temps, une bonne équipe et un certain investissement.

## QUAND?

À cause de l'ampleur de la tâche qui vous attend, ne vous lancez dans cette aventure que lorsque vous avez beaucoup d'information à transmettre et que votre public cible ne peut avoir accès à cette information d'aucune autre façon.

Votre journal peut être publié occasionnellement, mais votre bulletin de liaison paraît de façon régulière.

*Exemples:*

Un groupe de citoyens publie un journal souvenir à l'occasion du centenaire de leur paroisse.

Un regroupement régional d'associations de personnes handicapées crée un bulletin de liaison pour tous les membres de ces associations.

## COMMENT?
### L'équipe

Formez une équipe de base (4 ou 5 personnes) qui va suivre toutes les étapes de la production. Cette équipe ne doit pas faire tout le travail, mais le coordonner.

Choisissez des collaborateurs pour la rédaction des textes, les illustrations, l'impression et la distribution. Le nombre de collaborateurs nécessaires dépend du nombre de pages de votre publication, de l'étendue de sa distribution, du mode d'impression et de distribution que vous choisirez. Vous devez avoir suffisamment de collaborateurs pour que personne ne s'essouffle à la tâche, mais pas au point de ne plus savoir qui fait quoi.

Si vous en êtes à votre première expérience, adjoignez-vous une personne expérimentée dans ce domaine qui pourra vous conseiller.

## La planification

C'est l'étape la plus importante. Vous déterminez les objectifs de votre publication, son budget, son contenu, le nombre de pages, le mode de distribution et d'impression, la répartition des tâches en sachant bien que tout cela est interdépendant.

*Exemple:*

Votre objectif est de créer un bulletin de liaison pour les membres de votre coopérative alimentaire ? Vous disposez d'une équipe et d'un budget restreints ? Vous choisirez la photocopie plutôt que l'impression qui est hors de prix pour vous; vous déposerez vos bulletins en piles près des caisses enregistreuses plutôt que de monter ou payer un service de distribution.

## La rédaction

Gardez à l'esprit que vous écrivez pour vos lecteurs et non pour vous-même. Faites-vous un portrait mental de vos lecteurs: ont-ils déjà été informés sur le sujet que vous leur présentez? ont-ils une attitude positive ou négative par rapport à ce sujet? par rapport à votre groupe? Vos réponses à ces questions vous aideront à choisir l'information pertinente et à la présenter de façon appropriée.

Rédigez des textes clairs, pas trop longs (jamais plus de deux pages dactylographiées à double interligne) et même de longueur inégale, ce qui accrochera davantage l'attention du lecteur.

Soignez vos titres et vos préambules. Le préambule est le premier paragraphe d'un texte et c'est celui qui doit accrocher l'attention du lecteur.

## La mise en page

C'est l'étape où vous décidez du contenu de chaque page de votre publication. Il s'agit alors de placer les textes, les photos, les illustrations, les titres dans chaque page de façon à ce que chacune soit intelligible et que l'ensemble forme un tout cohérent. C'est à la mise en page que votre publication prend son apparence définitive.

Il est préférable d'attendre d'avoir tous vos textes et illustrations en main avant d'entreprendre la mise en page. Vous pouvez cependant vous y mettre plus tôt si vous connaissez déjà l'espace qu'occuperont les textes et illustrations manquants.

Ne craignez pas les espaces vides. Ils sont agréables à l'oeil et aident à mieux situer les textes. L'erreur commune est de congestionner les pages.

Si vous faites imprimer votre publication, confiez la mise en page à quelqu'un qui en a déjà l'expérience, car les imprimeurs ont des exigences techniques particulières. Envoyez une mise en page bâclée à un imprimeur et il vous renverra un journal tout aussi bâclé.

## La reproduction

Votre journal ou votre bulletin est reproduit par photocopie ou dans une imprimerie. Consultez la partie «Les procédés de reproduction» à la fin de ce chapitre.

## La distribution

Quatre modes de distribution s'offrent à vous: la poste, le service de camelots, le dépôt et le main à main. Reportez-vous à la partie «Les petits imprimés» de ce chapitre pour connaître les particularités de chacun de ces modes de distribution.

***Le dépôt légal*** Vous êtes tenu par la loi de déposer deux copies de votre journal à la Bibliothèque nationale du Québec dans les 30 jours qui suivent sa publication. Renseignez-vous auprès de la Bibliothèque nationale du Québec, Bureau du dépôt légal, 125, rue Sherbrooke Ouest, Montréal, H2X 1X4, (514) 873-5661 (frais virés acceptés).

***Le Centre populaire de documentation*** Le CPD gère une imposante collection de périodiques populaires québécois qu'il met à la disposition des groupes. Si vous voulez que votre publication soit intégrée à cette collection, envoyez une copie de votre journal ou de votre bulletin à l'adresse suivante: Centre populaire de documentation, 3575 boul. Saint-Laurent, bureau 803, Montréal H2X 2T7, (514) 845-3490.

# LES PROCÉDÉS DE REPRODUCTION

Deux procédés de reproduction s'offrent à vous: la photocopie et l'impression.

Dans le cas de la photocopie, vous avez à choisir entre la photocopie professionnelle et la photocopie maison.

***La photocopie maison*** Vous faites reproduire votre publication par un photocopieur auquel vous avez accès gratuitement ou en payant simplement le papier.

***La photocopie professionnelle*** Les entreprises de photocopie ont des tarifs raisonnables et offrent un produit de meilleure qualité que la photocopie maison. Vous pouvez également leur confier l'assemblage, le pliage et le brochage de vos publications, ce qui vous évite tout ce travail fastidieux pour un prix vraiment abordable.

Dans le présent chapitre, les renseignements concernant la photocopie s'appliquent à la photocopie professionnelle.

## L'original

La photocopie et l'imprimerie reproduisent du texte dactylographié ou manuscrit ainsi que des illustrations bien contrastées (dessins, photos, tableaux, graphiques). Vos illustrations en couleurs seront reproduites en noir et blanc à moins que vous ne payiez pour une reproduction pleine couleur. Les couleurs trop pâles de vos illustrations ne pourront pas être reproduites.

## La mise en page

Vous pouvez faire vous-même la mise en page de votre publication (de façon manuelle ou informatisée) ou la confier à un graphiste, ce qui, naturellement, entraînera des frais additionnels.

***La façon manuelle*** Vous dactylographiez, écrivez, dessinez ou collez tous les éléments constitutifs de votre publication sur une ou plusieurs feuilles, selon le cas.

***La façon informatisée*** Vous utilisez un logiciel de mise en page (Page Maker, Paintbrush, etc.). Les feuilles qui sortent ensuite de l'imprimante sont prêtes à être envoyées en photocopie ou à l'imprimerie. À noter que l'imprimante au laser donne une meilleure définition que l'imprimante à marguerite ou à points.

*Un conseil:*
La mode étant à l'informatique, il y a tellement d'affiches produites de cette façon actuellement qu'on ne les remarque plus. Donnez une touche originale à la vôtre en laissant des masses vides que vous pourrez colorier par la suite ou en lui ajoutant une illustration de votre cru.

## Le système de mesure

Toutes vos indications techniques (les marges de pliure, les grosseurs des titres, etc.) doivent être présentées dans le système de mesure anglais, c'est-à-dire en pouces.

## Le papier

Vous avez le choix entre différentes couleurs, qualités et formats de papier.

L'imprimerie offre une plus grande variété de papier que la photocopie. Si vous voulez un bulletin de liaison reproduit sur papier journal (très économique), il n'y a que l'imprimerie qui puisse vous l'offrir.

En photocopie, le format du papier utilisé varie de 5 × 5 pouces à 11 × 17 pouces. Elle peut reproduire une affiche sur du carton mince.

*Quelques conseils:*
Choisissez un papier coloré (légèrement plus cher) pour donner l'illusion d'une couleur supplémentaire sans en payer les frais.
À moins de prévoir que vos affiches auront une longue période d'exposition, il est inutile d'avoir la meilleure qualité de papier cartonné.
Pour votre dépliant, choisissez un papier ni trop mince (il sera manipulé) ni trop épais (il sera plié).

## Les caractères

L'imprimerie offre un très grand choix de caractères (types et formats).

Pour la photocopie, vous n'avez d'autre choix que les caractères inscrits sur votre original. Les caractères conventionnels de machine à écrire conviennent parfaitement à la photocopie. Vous pouvez vous servir du trace-lettres ou du lettrage à décalquer pour vos titres, sous-titres et autres informations importantes.

Le lettrage à décalquer, appelé aussi «Letraset», est une feuille plastifiée sur laquelle sont collés des caractères dont on obtient un décalque en frottant la pellicule plastique. Le lettrage à décalquer offre une grande diversité de choix de caractères (formats et styles), mais ce procédé manuel est très long et demande une certaine habileté.

Le trace-lettres est un pochoir cartonné ou plastifié où sont gravées des formes de caractères qu'il faut tracer ou colorer.

*Quelques conseils:*
Choisissez des caractères visibles et lisibles.

Alternez les gros caractères et les petits caractères pour dégager ce qui est important de ce qui l'est moins. Réservez les gros caractères à vos informations les plus importantes ainsi qu'à vos titres et sous-titres.

Limitez-vous à trois ou quatre types de caractères car trop de diversité fatigue l'oeil et n'est pas esthétique. Un journal ou un bulletin de liaison peut toutefois se permettre un plus grand choix de caractères.

N'abusez pas des caractères très stylisés; ils sont difficiles à lire. Si vous choisissez un caractère fantaisiste (accrocheur mais pratiquement illisible) reprenez immédiatement la même information dans un caractère plus conventionnel.

## La couleur

La couleur rend votre publication plus attrayante mais il faut en payer le prix.

L'imprimerie offre une très grande variété de couleurs. Vous ne payez pas pour la première couleur d'encre. C'est à partir de la deuxième couleur d'encre qu'il y a des frais additionnels.

*Exemple:*
Un dépliant imprimé en vert sur un papier jaune. Le vert étant la première couleur d'encre et le jaune, la couleur du papier, il n'y aucun frais supplémentaire si ce n'est celui, très minime, du papier coloré.

La photocopie au laser fait de la reproduction en couleurs et peut même modifier les couleurs originales.

*Quelques conseils:*
En imprimerie, utilisez la trame et le dégradé qui donnent l'illusion de couleurs supplémentaires sans entraîner des coûts additionnels.

Évitez les couleurs pâles sur papier foncé qui rendent la lecture difficile.

Privilégiez les couleurs primaires qui offrent d'excellents contrastes ou les couleurs officielles de votre organisme qui vous identifient plus clairement.

## Le coût

Le coût de reproduction dépend de plusieurs facteurs: le procédé utilisé, le nombre de pages, de copies et de couleurs, le papier (format, qualité, couleur), l'assemblage, le brochage et le pliage.

Magasinez et négociez: les prix varient d'une entreprise à l'autre et sont toujours négociables.

L'imprimerie coûte généralement plus cher que la photocopie, mais offre un produit de meilleure qualité. Au-delà d'un certain tirage cependant, elle devient plus économique. Pour un dépliant, par exemple, au-delà de 500 exemplaires, le coût de reproduction est moins élevé en imprimerie. Par contre, l'imprimerie exige une commande minimale de 50 à 100 exemplaires pour une affiche, de 500 exemplaires pour un dépliant et de 1 000 exemplaires pour un journal de quatre pages de format tabloid (11 $\frac{1}{2}$ × 14 pouces).

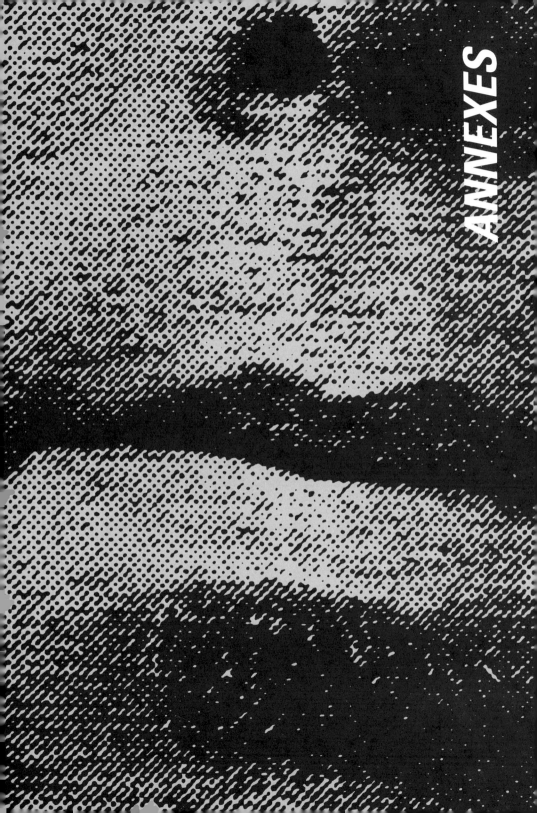

ANNEXES

# LES RECOURS

## Commission des droits de la personne du Québec

1279, boul. Charest Ouest, 8e étage,
Québec (Québec)   G1N 4K7
(418) 643-1872

(Consultez votre annuaire téléphonique pour le numéro sans frais et les coordonnées des bureaux régionaux).

La Commission voit à l'application de la Charte des droits et libertés de la personne. La Commission reçoit les plaintes concernant les cas de discrimination d'un média par rapport à un groupe ou une personne. Si la plainte est jugée admissible, la Commission fait enquête et procède ensuite à un règlement de la cause, habituellement par médiation, rarement par poursuite.

## Conseil de la radiodiffusion et des télécommunications canadiennes (CRTC)

200 boul. René Lévesque Ouest,
bureau 602, 6e étage, tour Est,
Montréal (Québec)   H2Z 1X4
(514) 283-6607

Le CRTC réglemente les médias électroniques canadiens et donne des permis de diffusion à ces médias. Si un média ne se conforme pas aux règlements du CRTC ou aux promesses de réalisation liées à son permis de diffusion, un groupe peut déposer une plainte au CRTC. Il peut également faire des représen-tations aux audiences du CRTC lorsqu'un média présente une demande de renouvellement de permis de diffusion.

## Conseil de presse du Québec

55 1/2 rue Saint-Louis,
Québec (Québec)   G1R 3Z2
(418) 692-3008

Le Conseil de presse s'est donné le rôle de protéger le droit du public à une information libre, honnête et complète et de sauvegarder la liberté de presse. Les cas de censure, de partialité, d'atteinte à la liberté d'expression ou à la vie privée peuvent être portés devant le Conseil de presse qui étudiera la plainte et portera un jugement qu'il rendra public. Le Conseil de presse n'a aucun pouvoir judiciaire, législatif ou corporatif mais sa seule autorité morale a une influence considérable sur le public et sur la presse.

## Conseil du statut de la femme

8, rue Cook, 3e étage, bureau 300,
Québec (Québec)   G1R 5J7
1-800-463-2851 (sans frais)

(Consultez votre annuaire téléphonique pour les coordonnées des bureaux régionaux).

Le Conseil du statut de la femme aide les groupes à articuler et acheminer leur plainte concernant les cas de sexisme dans les médias.

## Ligue des droits et libertés

1825, rue de Champlain,
Montréal (Québec)   H2L 2S9
(514) 527-8551

Cet organisme de pression aide les groupes à articuler et acheminer leur plainte portant sur la violation des droits prévus dans la Charte des droits et libertés de la personne.

# LES RESSOURCES

## Centre de formation populaire

3575, boul. Saint-Laurent,
bureau 406, 4e étage,
Montréal (Québec)   H2X 2T7
(514) 842-2548

Services offerts aux groupes populaires de la région montréalaise: information sur les communications, support technique, sessions de formation à l'utilisation des médias.

## Centre populaire de documentation (CPD)

3575, boul. Saint-Laurent,
bureau 803,
Montréal (Québec)   H2X 2T7
(514) 845-3490

Services offerts aux groupes populaires: formation pour la création et la gestion d'un centre de documentation, initiation à des logiciels de traitement de texte et de mise en page, consultation de son centre de documentation qui contient, entre autres, une collection de périodiques populaires québécois et une revue de presse québécoise sur des sujets socioéconomiques dont on peut obtenir copie à prix modique.

## Centre Saint-Pierre

1212, rue Panet, 4e étage,
Montréal (Québec)   H2L 2Y7
(514) 524-3561

Service offert au groupes à but non lucratif de toutes les régions du Québec: sessions de formation à l'utilisation des médias.

## Conseil des usagers des médias de la Sagamie (CUMS)

443, rue Collard Ouest,
Alma (Québec)   G8B 1N1
(418) 668-7271

Services offerts aux groupes de la région du Saguenay - Lac-Saint-Jean (incluant Chapais-Chibougamau): sessions de formation à l'utilisation des médias, liste des médias de la région, revue de presse sur les communications, aide pour l'acheminement d'une plainte au CRTC ou au Conseil de presse.

## Conseil populaire des communications de l'Est du Québec

79, rue de l'Evêché Est,
Rimouski (Québec)   G5L 1X7
(418) 724-2642

Service offert aux groupes de l'Est du Québec: sessions de formation à l'utilisation des médias.

### Les centrales syndicales

Elles offrent un soutien technique (photocopie, télécopieur, Telbec, salle de conférence, etc.) à certains groupes populaires.

### Les firmes de relations publiques et les agences de publicité

Elles donnent, à un prix relativement élevé, des sessions de formation à l'utilisation des médias. Certaines acceptent de s'engager dans une cause humanitaire et de prendre en charge les relations de presse d'un groupe qui aura réussi à se faire parrainer par l'une de ces firmes.

## Les institutions d'enseignement collégial et universitaire

Par l'intermédiaire du service à la collectivité de ces institutions, un groupe peut obtenir que des étudiants en communication ou en journalisme viennent l'appuyer dans une démarche ou un projet particulier en communication.

## Des organismes liés à votre secteur d'activités

Certains organismes (ex.: Centraide, CLSC, Conseil régional de la culture, Conseil régional de la santé et des services sociaux) offrent parfois un support technique aux groupes (photocopie, salle de conférence, télécopieur, etc.) ainsi que les conseils de leur agent d'information.

# BIBLIOGRAPHIE

ASCAH, Jacqueline et Jacques CONSTANTIN, **Information limitée, Lire entre les lignes des journaux**, Le Centre justice et foi, Montréal, 1984, 27 p.

BERTIN, Jacques et Daniel BIBEAU, **L'ABC de la promotion**, Mouvement québécois des camps familiaux, Montréal, 1985, 28 p.

CHEVRETTE, Jean, Jean-Pierre CORNEAULT et Johanne SAINT-AUBIN, **Guide de L'AMI, Guide de l'Accès aux Médias d'Information**, Cercle de presse De Lanaudière, Joliette, 1988, 21 p.

COLLARD, André, Odette LUPIEN et Françoise PENVEN, **Le guide de la communication municipale**, Association québécoise des officiers municipaux en communication, Pierrefonds, 1982, 74 p.

DAGENAIS, Bernard, **Le communiqué ou l'art de faire parler de soi**, VLB éditeur, Montréal, 1990, 166 p.

DUBUC, Geneviève et Nicole GEOFFROY, **Les femmes et les médias**, gouvernement du Québec, Conseil du statut de la femme, 55 p.

EN COLLABORATION, **Les médias d'information à la portée de tous, Guide d'initiation aux médias régionaux**, Conseil des usagers des médias de la Sagamie, Alma, 1989, 47 p.

EN COLLABORATION, **Compte rendu, Journée d'information du 16 mars 1989 sur les mécanismes d'accession aux médias nationaux**, Conseil des usagers des médias de la Sagamie, Alma, 1989, 18 p.

EN COLLABORATION, **Les médias d'information à la portée de tous, Les outils d'information, de promotion et de publicité**, Conseil des usagers des médias de la Sagamie, Alma, 52 p.

EN COLLABORATION, **Guide d'usage des médias, Saguenay – Lac-Saint-Jean**, Les Productions Carouges, Jonquière, 1983, 75 p.

GERBIER, Alain et Jacques LARUE-LANGLOIS, **Guide de communication**, Université du Québec à Montréal, Montréal, 103 p.

MARTEL, Paul, **Comment rejoindre les personnes âgées**, Communication-Québec, région de l'Estrie, 1984, 79 p.

ROY, Michel, **Guide d'initiation à la communication de masse**, CLSC du Lac-Saint-Jean, Alma, 1983, 56 p.

VIAU, Mireille, **Les médias et nos organisations, Guide d'utilisation pour les groupes populaires**, Centre de formation populaire, Montréal, 1985, 74 p.

Achevé d'imprimer en octobre 1991
sur les presses de l'Imprimerie Québecor, St-Romuald
à St-Romuald